心理学論文・書き方マニュアル

ラルフ・L・ロスノウ
&
ミミ・ロスノウ

訳 加藤孝義
和田裕一

新曜社

この本を実現した互いの協力に，
そして
前途輝くマイルス, R. J., サーシャ, マシューに

Writing Papers in Psychology
by Ralph L. Rosnow & Mimi Rosnow

Copyright © 2006 by Thomson Wadsworth,
a part of The Thomson Corporation. All rights reserved.
Japanese translation rights arranged with Thomson Learning Inc.,
a Delaware corporation, Stamford, Connecticut
through Tuttle-Mori Agency, Inc., Tokyo.

本書の用い方

　本書『心理学論文・書き方マニュアル』第7版は，大学生が研究レポートや文献レヴューを書くにあたって役立つ，論文の枠組みや書き方のコツ，ガイドラインについて書かれている。そして参考となる例がいろいろとあげられている。これらは，『アメリカ心理学会論文執筆マニュアル』第5版（以後APAマニュアルと呼ぶ）で推薦されているスタイルにのっとっている。第1章に流れ図（資料1）を掲げたので，これを見れば，研究レポートや文献レヴューを書くことだけでなく，研究案を構想し，必要に応じてポスターや配布用資料を作成するまでの一連の過程を把握することができる。しかし，本書は単なるAPAスタイルの案内書ではない。心理学論文を書く過程の全体を組織立て，文献を検索し，批判的に推論し，締切りまでに仕上げるといった種々のスキルを磨くことができるように工夫されている。卒業後心理学を離れる学生にとっては，社会に出てからもAPAのスタイル自体が役立つということはあまりないかもしれないが，しかし本書で学ぶさまざまなスキルは，生涯にわたって活用できるはずである。

　何人かの大学教師が，APAスタイルのガイドとして本書を大学院生に使用していると語ってくれた。学術雑誌に投稿する論文を執筆している学生，特に将来アカデミックな世界に進もうと計画している学生には，R. J. Sternberg の *The Psychologist's Companion*（Cambridge University Press, 1993）や，J. M. Moxley の *Publish, Don't Perish*（Praeger, 1992）を読むことを薦める。メタ分析レヴューを準備しようとしている人には，この他に2つ，基本的な文献がある。R. Rosenthal の Writing Meta-Analytic Reviews（*Psychological Bulletin*, 1995, *118*, 183-192）と，H.Cooper と L.V. Hedges の *Handbook of Research Synthesis*（Russell Sage, 1994）である。パワーポイントを使ってのプレゼンテーションを考えている人にとっては，R. Edward の *Tufte's Cognitive style of Power Point*（www.edwardtufte.com）が一読に値する。授業の課題として書くか専門的に書くかにかかわらず，文書様式に関する必読文献としては，W.Strunk と E. B. White の古典的"小冊子"*Elements of Style*（Allyne & Bacon, 2000）がある。これは，およそ論文や本を書くすべての人の机上に置

i

かれるべき珠玉の一冊である。

この版における改訂点

　1999年，APAの統計的推論についての特別委員会は，帰無仮説の有意性検定における採択／棄却パラダイムのレトリックの限界を検討し，そして効果量と信頼区間を報告するためのガイドラインを提言した[1]。同様のガイドラインがAPAのマニュアルにも反映されているが，研究者たちはなかなかそれを受け入れなかった。それには，APAマニュアルにおける一貫性の欠如にも責任の一端があるが，研究者たちの，従来のやり方を踏襲しようとする姿勢にも原因がある[2]。APAマニュアルでは，主要結果に関わる効果量の信頼区間も報告することを推奨しているが，本書では今回の版で新たに設けた章（第6章）において，その点を説明する。最近の心理統計学や研究方法に関する本の中には，効果量や信頼区間の計算方法が記載されているものも出てきた。この新しい章では，さらなる案内として文献リストを付した。特にこの章は，別の研究者が再計算して結果を導けるように，統計的情報を明瞭に，正確に，精密に，十分詳細に報告することの重要性を強調している。章中の資料として，学生の記憶を呼び覚まし，この章や巻末の研究レポートで使用されている用語を明確に理解できるようにするために，一般的な統計用語とそれらの意味をリストした。

　本書では，キー概念の理解を促すとともに，技術的な細部やガイドラインをいっそうわかりやすくするために，章のあちこちに主題と関連する資料を挿入している。巻末の付録を含むすべての章が，多少とも（旧版から）改訂されている。第2章は，文献検索の方法に関する昨今の進歩に対応するように大幅に書き改められているが，多くの指導教員がまず第一に推薦するデータベースであるPsycINFOに依然として強調点をおいている。InfoTracは，*Annual Review of Psychology* ほか，多くの分野の多数の学術雑誌のフルテキストデータにアクセスできる。第1章においては，文献レヴューの類型についての説明

---

[1] L. Wilkinson & Task Force on Statistical Inference. (1999). Statistical methods in psychology journals: Guidelines and explanation. *American Psychologist, 54*, 594-604.

[2] F. Fidler (2002). The 5th edition of the APA publication manual: Why its statistics recommendations are so controversial. *Educational and Psychological Measurement, 62*, 749-770; F. Fidler, N. Thomason, G. Cumming, S. Finch, & J. Leeman. (2004). Editors can lead researchers to confidence intervals, but can't make them think: Statistical reform lessons from medicine. *Psychological Scicience, 15*, 119-126.

を加えたが，これはハリス・クーパーの研究に基づいている。第3章においては，学生たちが（先行研究の知見に対して）"自分自身の新しい側面を加える"とはどういうことなのかについて，より明瞭な考えをもってもらうために，追試実験の意義について詳しく説明した。

推奨されているスタイル

本書は，心理学コースの学生の課題論文と研究レポートの作成に焦点を当てているのに対して，APAのマニュアルは，学術雑誌に投稿するための原稿の準備に焦点をあてている。そのため，本書の内容にはAPAマニュアルといくらか異なるところがある。学生に求められるものは，学術雑誌の編集委員や査読者の要請とはいくつかの点で違っているだろう。たとえば，多くの指導教員が，学生たちの誤りが誤解や不注意，誤字のいずれに起因するのかを判断するために，ローデータと統計計算を見たいと思うものである。巻末の研究レポートの見本には，このような情報が含まれている。

APAの様式から離れているもう1つの点は，学生の論文の表紙ページである。もちろん，APAが推薦する"ヘッダー"（この目的は，公刊された論文のページの上部に印刷される短縮タイトルを編集者に示すことにある）を表紙ページにつけなければならないという理由はないが，ページ番号（ノンブル）をつけるよう求める十分な理由はある（ページがばらばらになったとき，元の順に戻すのがより容易になる）。表紙に示されるほかの情報は，その授業と指導教員に関連するものである。

面白いことに，昔のAPAの論文執筆マニュアル・ウェブサイト（www.apa.org/journals/faq.html）に見られるように，APAは，そのスタイルの要請において，いくつかの点で柔軟な姿勢を示していた。たとえば，原稿のタイトルをタイトルページの中程か上部よりかどちらに記載するべきかについて尋ねた学生がいた。この学生は，「仲間が持っていた論文執筆マニュアルが，原稿のタイトルページに関して（自分のものとは）異なる表示の仕方をしている」ことに気づいたのである。APAの回答は，どちらの版も正しいというものであった。別の学生は，APAマニュアルの第4版に関係して，コンピュータを用いれば，文字にアンダーラインを付けることもイタリック体にすることも同じくらい容易にできるのに，なぜイタリック体の表記ではなくアンダーラインを付けることを要求するのかについて問い合わせた。APAの回答は，アンダーラ

インは組版におけるイタリック体指定を意味するが，もし公刊のための原稿が最終形式であるなら，イタリック体で表記するほうが原稿の見た目もよくなるので，イタリック体を用いても問題なく受け付けるというものであった。本書では，APAマニュアルの第5版に推薦されているように，イタリックを使用している［本翻訳では，適宜，ボールド体としている］。

引用文献の表記に際してハンギング・インデント（2行目以下を字下がりすること）にするか，文献の頭をインデントにするかに関して，APAマニュアルは，第3版，第4版，第5版の間で統一されていなかった。ある質問に対するAPAのウェブ・サイトの回答は，「もしあなたが最終形式の原稿を準備しており，その原稿が後で組版され出版されないのであれば，読みやすさを考慮して，ハンギング・インデントにしておくほうがよい」というものであった。APAマニュアルの第5版はハンギング・インデントを勧めてはいるが，それを強く要求しているわけではない。ただしAPAマニュアルは，「引用文献全体を通して一貫した形式を用いる」よう注意している (p.299)。本書における見本論文の引用文献に関しては，ハンギング・インデント形式を採用している。

量的数値を報告するとき，学生たちは少数以下の桁をどれくらいにしたらよいかにしばしば悩まされる。APAの基本的なルールでは，記述統計量（たとえば，平均，標準偏差，コーエンの d）や統計的検定結果（たとえば，t, F, χ^2）は少数点以下2桁で報告することになっており，本書もこの基準に従っている。しかしながら，手作業で統計結果を計算するときに，記載したデータ分析の中間計算で数をまるめている場合には，不正確な結果を生むことがあるという問題が起こりうる。この点を強調して，巻末（付録A）に示したジェーン・ドゥの研究レポートでは，計算が終わるまで数値を小数2桁で丸めることはしていない（いずれにしても科学計算やコンピュータでは，最終結果まで数値をまるめることはない）。

学生たちはまた，統計的有意性の述べ方，とくに実際の有意確率（p 値）の記載がなくて"有意差あり"や"有意差なし"としか書かれていない記述を目にしたとき，それをどのように報告すればよいかについてしばしば尋ねてくる。このような記述は，もし著者が得られた p 値が有意確率5％よりも小さいとか大きいという事実だけを考慮しているとしたら，大きな誤解を招くことになりかねない。有意確率として $p = .05$ が得られた場合に，"効果あり"，$p = .06$ が得られた場合に"効果なし"と考えるのはときとしてばかげている。巻末の研究レポートでは，有意確率の表記にあたり，表中では小数点2桁まで，結果の

セクションではより正確な値を記載している（科学的記数法に従って，少数以下の数を表記している）。第6章は，結果を報告するときに，学生が間違った正確さや無用な正確さに陥ってしまうという誤りを避けるための指針を提供している。

謝　辞

　傑出した心理学教師であるアン・スクレダー博士（アルヴェルニア大学）とブルース・リンド博士（テンプル大学）には，本書の見本論文の初期のバージョンを準備する上で多大なご協力をいただいたことに感謝する。これらは本書の旧版で何度も改訂されてきた。特にリンド博士には，見本の研究レポートに用いたローデータを提供していただいた。これは博士が集めた実際のデータである。第2章を書くにあたって，文献検索の体験についてご教示いただいたもう一人の傑出した教師である，エリック・フォスターにも感謝したい（"マヤ"は，フォスター博士のお嬢さんの名前である）。第6章を推敲する上でご助力いただいたボブ・ローゼンタールの鋭い洞察にも感謝する。テンプル大学のペリイ図書館には参考資料を利用させていただいた。とくに，リチャード・リゼンビイによって作られたウェブ・サイトの文献資料を利用させたいただいたことが役立った。アメリカ心理学会のマリオン・ハレル氏には，PsycINFOと，その関連資料に関する議論に最新の情報を反映させる上で，数々のご助言をいただいたことに感謝する。トムソン・ワズワース社のヴィッキー・ナイト氏の本書に対する関心と熱意に対して感謝する。ケン・キングには，何年も前，この本を書き始めるようわれわれを励ましてくれたことに，そしてまたジェームズ・ブレース-トンプソンには，本書の旧版への支援に対して謝意を表したい。マーガレット・リッチーには，今回も卓越した編集技能をふるってくれたことに感謝する。

　次に挙げるレヴューをしてくれた人びとと，その他の同僚たちに感謝する。本書がこれまでに多くの改善をなしてこられたのは，彼らの有益な指摘のおかげである。

John B. Best, Eastern Illinois University
Thomas Brown, Utica College of Syracuse University
David E. Campbell, Humboldt State University
Scott D. Churchill, University of Dallas
Peter B. Crabb, Penn State University-Abington
Nicholas DiFonzo, Rochester Institute of Technology
Nancy Eldred, San Jose State University
Kenneth Elliott, University of Maine at Augusta
Eric K. Foster, Temple University

Robert Gallen, Georgetown University
David Goldstein, Duke University
John Hall, Texas Wesleyan University
Donald Hantula, Temple University
James W.Kalat, North Carolina State University
Allan J. Kimmel, Groupe École Supérieur de Commerce de Paris, France
Arlene Lundquist, Mount Union College
Joann Montepare, Tufts University
Quentin Newhouse, Jr., Bowie State University
Ben Newkirk, Grossmont College
Arthur Nonneman, Asbury College
Edgar O'Neal, Tulane University
Rick Pollack, Merrimack College
Maureen Powers, Vanderbilt University
MaryLu Rosenthal, Riverside, California
Robert Rosenthal, University of California at Riverside
Gordon W. Russell, University of Lethbridge, Canada
Helen Shoemaker, California State University at Hayward
John Sparrow, State University of New York at Geneseo
Claudia Stanny, University of West Florida
David B. Strohmetz, Monmouth University
Stephen A. Truhon, Winston-Salem State University
Lori Van Wallendael, University of North Carolina

最後に，本書『心理学論文・書き方マニュアル』の多くの利用者に感謝します。あなたがたの指摘が，それぞれの新しい版を改良する助けになってきました。今回もわれわれは更なる改良のための忠告を送ってくれる指導教員たちや学生たちをお待ちしています。
(http://rosnow.socialpsychology.org)

ラルフ・ロスノウ
ミミ・ロスノウ

目 次

本書の用い方 ─────────────────────── i
 この版における改訂点 ii
 推奨されているスタイル iii
 謝 辞 v

第1章 まずとりかかる ─────────────────── 1
 何から始めるか 1
 自分の目的に焦点化する 4
 スケジュールを立てる 7
 トピックを選ぶ 11
 トピックを絞る 13
 読者とトピックを知る 15
 理解を育む 16

第2章 参考資料を見つける，使う ───────────── 19
 問題を定義する 19
 マヤの肩越しに覗く 20
 オンライン目録を使って拾い読みする 23
 PsycINFO, PsycARTICLES, PsycBOOKS, PsycEXTRA 28
 InfoTrac 大学版と Web of Science 33
 図書館のその他の印刷資料 36
 図書館でノートをとる 38
 資料の信頼性 39
 コツをもう少し 40
 図書館でのエチケット 41

第3章　研究案を作る ─── 43

- 研究案の目的　　43
- 文献レヴュー案の例　　45
- 研究レポートの研究案の例　　48
- 倫理的配慮　　48
- 光陰矢のごとし　　52

第4章　研究レポートのプランを立てる ─── 55

- 大きく分けると，3つの研究アプローチがある　　55
- 基本的構成　　57
- 要　約　　58
- 問　題　　58
- 方　法　　59
- 結　果　　62
- 考　察　　63
- 文　献　　65
- 末尾の資料　　65
- 自分の考えを組織立てる　　66

第5章　レヴュー論文のアウトラインを描く ─── 67

- どこから始めるか　　67
- 大まかなアウトライン　　69
- いろいろな考えを平行させる　　70
- 考えを秩序だてる　　71
- 執筆し，ノートをとるためのひな形　　73
- 事後にアウトラインを作る　　74

第6章　統計情報を伝える ─── 77

- 4つのガイドライン：CAPE　　77
- 結果を明瞭に報告する　　79
- 結果を正確に報告する　　82
- 結果を精密に報告する　　85

十分な情報を報告する　　　　　　　　　　86
　　ペンティメント　　　　　　　　　　　　　89
　　注釈付き参考文献リスト　　　　　　　　　90

第7章　執筆する，推敲する ―――――――――――― 95
　　資料を選別する　　　　　　　　　　　　　95
　　自分を動機づけるための決意文　　　　　　96
　　書き出し　　　　　　　　　　　　　　　　97
　　腰を据えて執筆する　　　　　　　　　　　99
　　執筆と論文発表における倫理　　　　　　　100
　　盗作を回避する　　　　　　　　　　　　　102
　　怠惰な執筆態度　　　　　　　　　　　　　105
　　文　体　　　　　　　　　　　　　　　　　106
　　非性別語　　　　　　　　　　　　　　　　107
　　能動態と受動態　　　　　　　　　　　　　108
　　動詞の時制　　　　　　　　　　　　　　　109
　　主語と動詞の一致　　　　　　　　　　　　110
　　用法上の誤り　　　　　　　　　　　　　　111
　　数　詞　　　　　　　　　　　　　　　　　114
　　さらに句読記号について　　　　　　　　　115
　　引用文における記号　　　　　　　　　　　120
　　修正と推敲　　　　　　　　　　　　　　　122

第8章　最終原稿を仕上げる ―――――――――――― 125
　　全体的な指針　　　　　　　　　　　　　　125
　　表題ページの形式　　　　　　　　　　　　127
　　見出し　　　　　　　　　　　　　　　　　128
　　英文のイタリック体　　　　　　　　　　　131
　　本文中の引用　　　　　　　　　　　　　　132
　　表と図　　　　　　　　　　　　　　　　　137
　　文献リスト　　　　　　　　　　　　　　　139
　　校正と修正　　　　　　　　　　　　　　　154

第9章　ポスターと配付資料を作成する ── 155
ポスターと配布資料　155
ポスター製作のためのガイドライン　156
簡潔なレポート作成のためのガイドライン　163

付録 ── 167
付録A　ジェーン・ドゥの研究レポート　167
付録B　ジョン・スミスのレヴュー論文　181
スペルを間違いやすい英単語　198

訳者あとがき ── 201
索　　引 ── 205

装幀＝難波園子

資料リスト

資料 1	論文を書くための流れ図	3
資料 2	研究レポートとレヴュー論文の違い	4
資料 3	実験的心理測定の概要一覧	9
資料 4	ジャーナル論文についての PsycINFO の記録	22
資料 5	アメリカ国会図書館 (LC) の書籍オンライン・レコード	24
資料 6	ウェブに関する共通用語と特殊用語	26
資料 7	アメリカの図書館で使われている図書分類の 2 つのシステム	28
資料 8	アメリカの図書館における心理学文献の分類	29
補遺資料	日本十進法　本表編	30
資料 9	電子版文献データベース	31
資料 10	文献レヴューの研究案の例	46
資料 11	研究レポートの研究案の例	49
資料 12	研究と評価における妥当性ということばの使われ方	61
資料 13	アウトラインの下位分割	72
資料 14	一般的な統計用語の省略形と統計記号	78
資料 15	郵便で用いられるアメリカの州名と地名の略記	140
資料 16	APA と AAAS のポスターデザイン	157
資料 17	6 ページから構成されるポスターのひな形	159
資料 18	ポスターの内容見本	160
資料 19	配布資料の見本	164

第1章

まずとりかかる

　心理学のコースで求められる論文を書くということは，指導教員が何を求めているかを知り，それから目標を定めてスケジュールどおりに達成するための計画を立てるということである。本章では，陥りやすい誤りを避けながら，課題を期限どおりに完成し，最善の研究にするための，ちょっとしたなすべきことと，なすべきでないことをとりあげる。

◤ 何から始めるか

　昔，ジョー・グールドという一風変わった人物がいた。彼は1911年にハーバードを卒業した後，実を結ばぬまま多くのことに手を出したすえ，ニューヨークに移り住んで，グリニッチ・ビレジあたりのコーヒー店にたむろするようになった。カモメ語をマスターしており，文献をカモメ語に翻訳している，と吹聴していた。事実，彼は並はずれてカモメの物まねがうまかった。しかしながら，彼がもっともよく知られていたのは，彼がまとめていると主張していた野心的な企画，『現代口述史』のためである。彼はノートブックが2m以上の高さにも達すると豪語し，研究ノートが入っていると称する褐色の紙袋をいつも持ち歩いていた。

　ジョー・グールドは，カモメをまねながら精神病院で亡くなった。その数年後，雑誌『ニューヨーカー』にジョセフ・ミッチェルによって書かれた人物記事の中で，ジョー・グールドは『口述史』にとりかかってなどおらず，ノートブックも作り話で，褐色の紙袋にはほかのいろいろな袋や黄ばんだ新聞の切り抜きが入っていただけだったことが明かされた。論文を書かねばならない学生にとってこのジョー・グールドの話は，どのような研究企画にとってももっとも挑戦的な側面，すなわちどのように始めるかについて教えてくれる。

まず最初に，資料1をよく見てほしい。必要に応じて参照すべき，本書の章や選択肢の流れ図を示している。また巻頭の目次には，各章における各節とそれらのページが示されている。目次に続いて，資料のリストも用意されている。巻末の索引は，特定のトピックについて書かれているページを探すときに必要な用語のリストである。また本書全体にわたって，さまざまな例が用意されている。第3章には，研究計画と文献レヴュー論文の見本がある。付録Aは，完成した研究レポート（ジェーン・ドゥの例），また付録Bは，完成したレヴュー論文（ジョン・スミスの例）を示すが，どちらにも見つけやすいようにタブが付けられている。第9章はジェーンの研究のポスターと2ページの配付資料である。

執筆計画をスタートするに当たっては，なにかしらの明瞭な目標が必要である。あなたのアプローチを焦点化するためのチェックリストを以下にあげておく。

- ◆ 要求された課題の目的は何か。
- ◆ テーマないしトピックを自分で選ぶのか，あるいはそれは指導教員によって指定されるのか。
- ◆ 最終論文まで，どのくらい時間があるか。
- ◆ 中間的論文（たとえば，趣意書や進行報告）が必要とされるか，その長さはどのくらいか，期限はいつか。
- ◆ 最終原稿の期限はいつか。その期日は，ほかの課題（たとえば，試験やほかの論文）とどう絡んでいるか。

ほかの学生たちと考えを話し合うのもよいが，何が期待されているかを**正確**に知っているのは指導教員である。コンピュータを立ち上げたり鉛筆を削ったりする前に，指導教員に会って課題についてあなたが了解していることをはっきり伝え，トピックについてのアイディアを話し，そして自分が間違っていないかどうかを確かめるようにしよう。ある指導教員は，学生の多くはトピックについて何の手がかりも持っていないのに，この最初の一歩を踏み出すことに乗り気でない者が多いと言っていた。しかしトピックについて何もアイディアがなくても，指導教員を訪れた学生は，面談することによって恩恵を受ける。ほとんどの場合，どういう方向で始めたらよいかを理解して帰って行くのである。

資料1　論文を書くための流れ図

```
┌─────────────────────────┐
│ 何が期待されているのかを見出し，│
│ あなたの考えを明確に立案し，   │
│ 計画を準備する（第1章）      │
└─────────────────────────┘
            │
            ▼
┌─────────────────────────┐
│ 文献レヴューに必要な詳細な情  │
│ 報あるいは研究案に必要となる  │
│ 鍵となる研究を探す（第2章）   │
└─────────────────────────┘
            │
            ▼
┌─────────────────────────┐         ┌─────────────────────────┐
│ 提案を書く（第3章）          │────▶│ もし経験的研究（付録A）を行い， │
└─────────────────────────┘         │ 自分の考えと結果を纏めようと  │
            │                        │ しているのであれば，伝統的な  │
            ▼                        │ 構成をよく理解する（第4章）   │
┌─────────────────────────┐         └─────────────────────────┘
│ もしレヴュー論文を書こうとし  │                    │
│ ていて（付録B），考えを纏める │                    ▼
│ のであれば最初の草稿のための  │         ┌─────────────────────────┐
│ アウトラインを作りなさい（第5 │         │ もし量的情報を報告しようと  │
│ 章）                       │         │ しているなら，ほかの人も結論を │
└─────────────────────────┘         │ 導けるように，明瞭に，正確に， │
            │                        │ 精密にそして十分詳しく述べら  │
            ▼                        │ れるように準備する（第6章）   │
┌─────────────────────────┐         └─────────────────────────┘
│ もし量的情報を報告しようとし  │                    │
│ ているなら，ほかの人も結論を  │                    ▼
│ 導けるように，明瞭に，正確に， │         ┌─────────────────────────┐
│ 精密にそして十分詳しく述べら  │         │ 最初の草稿を書き始める（第7章）│
│ れるように準備する（第6章）   │         └─────────────────────────┘
└─────────────────────────┘                    │
            │                                    ▼
            ▼                        ┌─────────────────────────┐
┌─────────────────────────┐         │ 指導教員に提出するために，修  │
│ 最初の草稿を書き始める（第7章）│         │ 正し，練り直して，最終稿を準  │
└─────────────────────────┘         │ 備する（第8章）             │
            │                        └─────────────────────────┘
            ▼                                    │
┌─────────────────────────┐                    ▼
│ 指導教員に提出するために，修  │         ┌─────────────────────────┐
│ 正し，練り直して，最終稿を準  │         │ もしポスターや簡潔なレポート │
│ 備する（第8章）             │         │ を用意しようとするなら，サン  │
└─────────────────────────┘         │ プルを参考にしなさい（第9章） │
                                     └─────────────────────────┘
```

■ 自分の目的に焦点化する

　トピックが決まったならば，すじみちをはっきりさせるために，まず課題についてよく考える。目的に焦点化するうえで，研究レポートとレヴュー論文との違いをよく理解しておくとよい。ここでいったん休憩し，付録Aのジェーン・ドゥの研究レポートと，付録Bのジョン・スミスの文献レヴューを読んでみよう。この2つの論文については，後でも繰り返し触れることになる。研究レポートとレヴュー論文の一般的な違いから始めよう（資料2を参照）。そうすれば，どちらの課題を与えられても，努力すべきことに焦点を当てられる。

資料2　研究レポートとレヴュー論文の違い

研究レポート	レヴュー論文
1　あなたが集めたデータに基づいている。文献探索は，研究テーマに関連する少数の研究に限られる。	1　もっぱら文献探索に基づいている。それらの情報をカウントし要約するのでない限り，あなた自身の実証的データを解釈することはない。
2　伝統的形式（第4章参照）にしたがって構成されている。	2　あなたが準備したアウトラインに基づいて，選んだ特定のトピックに合うように構成する（第5章参照）。
3　自分自身の研究知見と結果を，他の人が再計算して自ら結論を導き出せるだけの十分な詳細さで情報を報告する。	3　内容に一貫性をもたせるために，あなた自身の考えの文脈にそうように，レビューした文献を配置していく。

　資料2で強調されている明らかな違いの1つは，レヴュー論文では文献探索が中核をなすのに対して，研究レポートでは実証的データが中核をなしていることである。実証的研究は，一般に予備的文献レヴューを必要とするが，しかしそれは，通常理論的出発点として用いるわずかな鍵となる研究を探索するだけでよい。どのように文献探索するかを示すために，第2章では1つの例から始めよう。しかしながら大事な点は，もしレヴュー論文を書こうとしているのであれば，オンラインで要約と論文を検索し，図書館で読み，ノートを取ることに多くの時間を使うだろうということである。図書館で時間を使うもう1つの理由は，図書館の書架にある百科事典やそのほかの参考研究等の関連資料を精読すべきだからである。もしもっと上級の論文あるいは修士論文を書こうとしているのであれば，文献について通り一遍の探索以上のものが期待されて

いる。次章では，それをどう行うのかを示そう。

　第2の違いは，研究レポートの構成は，長年にわたって発展してきた一般的伝統に沿うように期待されているということである。それは典型的には要約，問題，方法，結果，結果の考察，そして引用文献の部分からなる。心理学研究の学術雑誌を開いてみれば，このような標準的構成の例を見ることができるだろう。ジェーンの研究レポートもまた，この形式に従っている。レヴュー論文は，一般にもっと柔軟である。なぜかと言えば，経験を積んだ著者といえども，その内容について考え抜いた包括的レヴューを書き上げるまで，最終的原稿がどのようなものになるか必ずしも明白でないからである。レヴュー論文が柔軟であることのもう1つの理由は，その目的がさまざまであり，そのために文献レヴューには多様な種類があるからである。

　文献研究にはどのような種類があるのかの感覚をつかむために，デューク大学の心理学者，ハリス・M・クーパーは，つぎのような目的とカテゴリーをあげている[1]。

◆ 文献レヴューの**焦点**は，レヴュー者が集中したい題材にある。レヴューには焦点が1つ以上あり得る。心理学における文献レヴューは，研究結果，研究方法，理論，あるいは実践と応用などに焦点が当てられることが多い。ジョンのレヴュー論文が着目した焦点は知能の諸理論であるが，他方ジェーンの簡約版のレヴューの中心は，チップを払う行動に関する研究にある。

◆ **目標**は，レヴュー者が何を達成しようとしているかである。これは，一般的には，全般的な叙述をまとめあげることによって関連する研究を統合すること，矛盾している考えを解決すること，あるいは共通の言語的枠組みを提案することで，理論間のギャップに橋渡しすることなどである。2番目の目標は，現存の文献を批判的に分析することであり，3番目の目標は，中心となる論点を取り出すことである。ジョンの論文は，これら3つの目標のすべてをもっている特徴があり，そしてジェーンの論文は，基本的に統合的であるが，彼女の目的は，自分の仮説と予測を引き出そうとするところにある。

---

[1] H.M. Cooper, (1988). Organizing knowledge syntheses: A taxonomy of literature reviews. *Knowledge in society: The International Journal of Knowledge Transfer, 1*, 104-126.

◆ **観点**は，議論に影響する視点である。それは，単純にいうと，中立的かある立場の擁護かである。2つの見本論文はある特定の見方ないし一連の仮説を論じているが，しかしその議論は，科学的な客観的な論調で表現され，さまざまな考えや研究結果から抽出されたものである。
◆ **対象範囲**は，基本的に，ある文献レヴューを別のレヴューと区別するものである。なぜなら，レヴュー者は文献探索において，レヴュー者自身の特定の基準にもとづいて資料の適切さを判断するからである。しかしながら一般的に言えば，対象範囲は網羅的なもの，網羅的だが引用は選択的なもの，代表例に絞ったもの，中心的で重要なものに焦点化したものがあるといえる。ジョンのレヴューは，代表例に絞って選択的に引用したものであり，ジェーンのレヴューは，彼女の目標にとって鍵となる研究だけを調べている。
◆ 文献レヴューの**構成**とは，引用された文献がどのように配置されるかということである。たとえば，歴史的に，概念的に，あるいは方法論的に配置されるなどがあるだろう。ジョンとジェーンのレヴューは，一見して概念的なものと方法論的な配置の混合である。ジョンの論文はまた，研究概念が操作化していった過程における考え方の進化についても示そうと試みている。
◆ 予定される**読者**は，レヴューが書かれる対象集団である。それは専門の学者，一般的学者，実践家，政治家，あるいは一般人である。ジョンとジェーンのどちらにとっても，指導教員が読者であり，彼らは一般的なそして専門的な知識と関心をもっているとみなせる。もしジェーンが後に，公開の専門的会合で自分の研究をポスター発表するとするなら，心理学者や専門家以外には理解できないような学術用語は，使用しないように注意する必要がある。

資料2に示されている最後の相違は，レヴュー論文が論点や考え方をある特定のテーマあるいは論題の文脈の中に置くのに対して，研究レポートの主要な目的が，ほかの人びとに対してあなたの実証研究を記述することにある点である。研究レポートにおけるテーマは，しばしば明瞭な予測をもつ検証可能な仮説にある。しかしレポートによっては，探索的な研究であったり，純粋に記述的研究であったりすることもある（本書の後半で，これらの相違について述べる）。

■スケジュールを立てる

　目的をはっきり自覚したら，次のステップは，惰性に流されて何も達成できなかったジョー・グールドのようにならないよう，何らかの最終期限を設けることである。自分のエネルギーのレベルと思考パターンを知っているのだから，長所を生かすようにする。あなたは朝型か？　もしそうなら，早朝に書く時間を作りなさい。夜の方が調子がよい？　それなら静かな夜の方がよい。課題の各主要部分を完成できると合理的に期待できる現実的な期限を設けて，ほかの研究のための余裕もあるようにしよう。期限の日をカレンダーに書き込むとよい。毎日思い出せるように，机の上に日付を張っておくのが好みの学生もいる。

　スケジュールを立てるにあたっては，よい仕事をするために十分な時間をとることが肝要である。忍耐強ければ，それぞれの研究課題を達成して次の課題に進むとき，一層自信を感じることができるだろう。スケジュールを立てるにあたってどんな課題があるだろうか。文献レヴューを書くにはふつう，オンライン検索や図書館で資料を集め，それを読み，ノートをとるから，このような作業に十分な時間をさく必要がある。もしレヴュー論文を書くことになって，まず最初に研究プランを提出することを求められているとすると，カレンダーにどんなスケジュールを立てるか，いくつかのアイディアをあげておこう。

- ◆ 研究プランのための予備的文献探索終了
- ◆ 研究プラン作成
- ◆ 文献探索終了
- ◆ 図書館での作業終了（テキスト論文，百科事典，ハンドブックなど）
- ◆ 最初の草稿のアウトライン作成
- ◆ 最初の草稿完成
- ◆ 改訂草稿完成
- ◆ 最終稿完成

　もし実証的研究に基づいた研究レポートを書こうとしているのであれば，倫理面のレヴュー，研究の実行，そしてデータ分析の時間をとっておく必要がある。もし実証的研究をすることになって，まず研究プランを提出するよう求められているのであれば，スケジュールを立てておかなければならない課題のリ

ストは次のようになる。

- ◆ 研究プランのための予備的文献探索終了
- ◆ 研究のためのプラン作成
- ◆ 倫理面のレヴュー終了
- ◆ データ収集準備
- ◆ データ収集
- ◆ データ分析
- ◆ 最初の草稿のアウトライン作成
- ◆ 最初の原稿完成
- ◆ 改訂原稿完成
- ◆ 最終稿（そして必要ならば，ポスター，配付資料）完成

　どちらの課題リストも，最初の草稿と最終稿との間に時間を設けて，原稿から距離をおくことができるようになっていることに注意してほしい。全体を組織立て，書き，手直しするのは，時間がかかる。図書館での調査も常にスムーズにいくとはかぎらない。必要とする本や論文が閲覧可能でないこともある。データ収集や分析も，思わぬ障害が起こる。そのほかの問題としては，倫理面のレヴューに予想以上に時間がかかったり，研究プランを再提出するよう求められたり，研究参加者が協力してくれなかったり，あるいはコンピュータがダウンしてしまったり，必要とする研究資料をなかなか探せない，などが起こりうる。上記のスケジュールによって，こういった予期せぬ問題を解決する時間が与えられ，新たな展望をもって書く課題に戻る時間を得ることができ，最初の草稿の論理，流れ，綴り，句読点，文法などを磨き上げていくことができる。このように時間をスケジュールすることによって，必要以上にあせったり，あるいは実際の締め切りが近づいてきてびっくりしたりしなくて済む。

　早く始めれば，見つけにくい資料を探したり，必要とするテストがどこにあるかを突き止める時間がある。著作権によって保護されているテストを使用したいというときには，使用するのに発行者から許可を得るための時間も必要である。実施や解釈に高度の訓練が必要なテストは通常学部生には利用できないが，学生にも利用できるテストが多くある。実際，測定例が記載されている参考書もあり，司書に尋ねれば，このような本をどのように見分け，探すか教えてもらえる。

学術雑誌論文や報告に見られるテストや測定に関して利用できる包括的目録としては，1995から1996年にかけてアメリカ心理学会から出版された『未公刊実験的知能測定法要覧』(Directory of Unpublished Experimental Mental Measures) 全6巻がある。タイトルに"未公刊"とあるのは，その測定道具が料金あるいは特別な資格証明を必要としないで，一般に利用できることを意味している。たとえば，B. A. Goldman と D. F. Mitchell によって編纂された第6巻は，約1700の心理学的測定法を載せており，これらは，教育的，心理的，社会的測定，そして適性，態度，概念の意味，創造性，パーソナリティ，問題解決，地位などの測定を含み，多様な研究状況で利用できる。資料3は，この6巻に記載されている測定法のなかの6つを示している。情報が十分詳細なので，いずれも追跡して調べられるようになっている。

資料3　実験的心理測定の概要一覧

3678
テスト名：JOB CAREER KEY
目的：多岐にわたる職業についてのテストの提供
項目数：157
形式：多肢選択形式が使用される。
信頼性：クーダー・リチャードソンの公式は .43 から .91 の範囲。再テスト信頼性（4ヶ月）（N=19）は .62。
著者：Yanico, B. J., and Hardin, S. I.
論文：College students' self-estimated and actual knowledge of gender traditional and nontraditional occupation: A replication and extension.
ジャーナル：*Journal of Vocational Behavior*, June 1986, *28* (3), 229-240.
関連研究：Blank, J. R. (1978). Job-career key: A test of occupational information. *Vocational Guidance Quarterly, 27*, 6-17.

3723
テスト名：MEIER BURNOUT ASSESSMENT
目的：大学生のバーンアウト（燃え尽き）測定
項目数：27
形式：はい - いいえ形式
信頼性：クロンバックの α 係数は，.83
妥当性：他の変数との相関は -.13 〜 .62（N=360）
著者：McCarthy, M. E. et al.
論文：Psychological sense of community and student burnout.
ジャーナル：*Journal of College Student Development*, May 1990, *31* (3), 211-216.
関連研究：Meier, S. T., & Schmeck, R. R. (1985). The burned-out college student: A descriptive profile. *Journal of College Student Personnel, 25*, 63-69.

3705
テスト名：COMPUTER ANXIETY SCALE
目的：コンピュータに関連するさまざまな状況において学生が抱く不安感情の測定
項目数：20
形式：〈非常に当てはまる〉から，〈全く当てはまらない〉までの5段階評定。
信頼性：再テスト (10週間) 信頼性は .77。α 係数は .97 であった。

次頁へつづく

資料3　実験的心理測定の概要一覧（つづき）

著者：Marcoulides, G. A.
論文：Measuring computer anxiety: The computer Anxiety Scale.
ジャーナル：*Educational and Psychological Measurement*, Autumn, 1989, *49* (3), 733-739.
関連研究：Endler, N., & Hunt, J. (1986). Sources of behavioral variance as measured by the S-R Inventry of Anxiousness. *Psychological Bulletin, 65*, 336-339.

3993
テスト名：DATING ANXIETY SURVEY
目的：男女におけるデート不安の評価
項目数：23
形式：反応はリカート7点尺度1（ほとんど不安が無いから7（極度に不安）によって測定。3つの下位尺度、消極的、積極的、デートしているを含む。
信頼性：信頼係数は a.87~.93（男性）.90~.92（女性）
妥当性：他の諸変数との相関は、-.38~.65
著者：Calvert, J. D., et al.
論文：Psychometric evaluations of the Dating Anxiety Survey: A self-report questionnaire for the assessment of dating anxiety in males and females.
ジャーナル：*Journal of Psychopathology and Behavioral Assessment*, September, 1987, *9* (3), 341-350.

3710
テスト名：HASSLES SCALE
目的：学生のストレスの指標としての毎日の悩みの個人的な強さを同定する
項目数：117
形式：回答は個々の関連する日常的悩みの強さを3点法で表す。頻度と強度の2得点を出す。
信頼性：再テスト信頼性の平均は.79（頻度）と.48（強度）
著者：Elliott, T. R., and Gramling, S. E.
論文：Personal assertiveness and the effects of social support among college students.
ジャーナル：*Journal of Counseling Psychology*, October, 1990, *37* (4), 427-436.
関連研究：Kanner, A., et al. (1981). Comparison of two modes of stress measurement: Daily hassles and uplifts versus major life events. *Journal of Behavioral Medicine, 4*, 1-39.

4431
テスト名：PROCRASTINATION INVENTORY
目的：仕事や研究、家事の雑事、個人間の責務における先延ばし行為の程度を測定すること。
項目数：54
フォーマット：5点法による自己評定尺度。いくつかのサンプル例が示される。
信頼性：a は.91であった。
妥当性：他の諸変数との相関は.41（自己統御）から.62（効果的作業時間）。
著者：Stoham-Salomon, V., et al.
論文：You're changed if you do and changed if you don't: Mechanisms underlying paradoxical interventions.
ジャーナル：*Journal of Couseling and Clinical Psychology,* October, 1989, *57* (5), 590-598.
関連研究：Sroloff, B. (1963). *An empirical research of procrastination as a state/trait phenomenon.* Unpublished Master's Thesis, Tel-Aviv University, Israel.

出典：B. A. Goldman and E. Mitchell, 1995, *Directory of Unpublished Experimental Measures*, *Vol.6.* Copyright©1995 by the American Psychological Association. Reprinted with permission.

早くから取り組めばまた，授業のテキストにはないデータ分析手続きに取り組む時間がある。またもし必要と感じたなら，研究者にeメールを送り，まだ未公刊の関連論文を請求する時間もある。学生の多くが，多忙な研究者たちと実際にコミュニケーションでき，著者たちの最新の研究を請求できることに驚く。eメールで請求する場合に，やってよいこととやってはいけないことを，ここに示しておく。

- ◆ たいていの大学の図書館で容易に入手できるものは請求しない。探すのをなまけていると受け取られるからである。
- ◆ eメールの件名に，メッセージの性質をきちんと示す（たとえば，"リプリント請求"）。そうしないと，スパム［訳注：無差別大量一括送信メール，いわゆる迷惑メール］として削除され，永久に開かれないだろう。
- ◆ 詳細すぎるメッセージは書かない。自分は誰で，何を"要請している"のかを書く（要請の仕方はていねいに），そして前もってお礼を述べておく。
- ◆ 長文の返事は期待しない。
- ◆ もしリプリントを要請するのであれば，PDF あるいは文書ファイルで送られてくる可能性が高い。コンピュータが，これらのファイルのどれも開けるかを確認しておく。
- ◆ 返事をもらったら，その人に謝意を伝える。

もう1つアドバイス。指導教員たちは締め切りに間に合わなかったりできの悪い論文の，ありとあらゆる言い訳を聞いている。だから，最終締め切りに間に合わなかったとき，あまり同情を期待してはいけない。もし大学院進学や就職の推薦状を頼もうと思っているなら，信頼できない人間だという印象をもたれたくはないだろう。

▰ トピックを選ぶ

次のステップは，研究のアイディア，あるいは文献研究のための適切なトピックを選ぶことである。研究のアイディアあるいは文献レヴューのトピックを選ぶことも，学習の重要な一環である。というのも，自分の研究プランに沿って研究するときには特定の疑問や論点に集中して自由にいろいろな経験，観察，

考えを探求でき，好奇心や関心が持続的にかき立てられるからである。アイディアを得るには多くの方法がある。たとえば，ジョンは彼の文献レヴュー案（第3章）のなかで，指導教員の知能に関する講義を聞いて，対人間の洞察力に興味をもつようになったと記している。授業で指導教員は，このトピックに関して実証研究をしたことがあると述べたのだった。ジェーンも同じような状況について述べており，またチップを出す行動への彼女の個人的関心についても記している（彼女は，夏休みにウエイトレスとして働いていたのである）。

もしあなたが心理学専攻あるいは副専攻であるなら，人びとがなぜそのように行動し，知覚し，あるいは考えるのか，その理由について，たくさんの疑問や考えをもっていることだろう。しかしもし何か研究のアイディアを探しているなら，心理学科で学部学生にも開放されている（通常はそうである）ゲスト研究者を招いたゼミナールがあれば，鉛筆とメモ用紙を用意して，そこで得られた考えをメモしておくとよい。それはまた，講演者に質問したり，他の人の質問やそれに対する講演者の回答に耳を傾ける機会でもあり，そして後でレセプションがあれば，講演者とおしゃべりできる機会でもある。あなたの創造心を刺激するもう1つの方法は，関心のある専門領域の雑誌を調べたり，好きな授業で読むように求められているテキストを調べたりすることである。好奇心をもって開かれた心で題材に取り組めば，創造的思考が刺激されるだろう。しかし，もしアイディアを思いつかないようであれば，そのジレンマを指導教員に話して，アドバイスを受ければよい。

どんなトピックでもよいというわけではない。ふさわしいトピックというものがあり，落とし穴もある。次にあげる，トピックを選択する際にやっていいことと，やってはいけないことに留意しよう。

◆ 好奇心を刺激するトピックを選ぶ。
◆ 可能な時間内に，また割り当てられたページ数で処理できるトピックかどうかを確認する。
◆ ほかの学生たちが選んでしまっているトピックは，選んではいけない。彼らと図書館で文献を争うことになるからである。
◆ そのトピックについてある程度の知識をもっていないならば，研究プランのテーマを絞る前に，**まず**そのトピックについて読みなさい。

▎トピックを絞る

　文献レヴューであれ研究案であれ、あまりに広すぎたり狭すぎるトピックを選ぶと、困難や不安を増し、結果も思わしくないものになりがちである。あまりにも広すぎる文献レヴューを計画すれば（たとえば"ジクムント・フロイトの生活と時代"）、課題の枠組みの範囲と時間的制約があるなかで、あまりにも膨大な資料をカバーしようとすることになってしまう。（精神分析の著作に関心をもっているとして）フロイトの理論的研究の特定の側面に焦点を絞ったテーマにすることのほうが、パーソナリティ理論、異常行動あるいは精神病理学の授業のレヴュー論文でとりあげるにはずっとふさわしいことは、おわかりだろう。

　文献レヴューのトピックを絞る際、すでによく知られている事実についてただ論じるだけにならないようにする。あなたのその課題へのアプローチのしかたのどこが特別であるのかを自らに問うてみよう。たとえば、ジョンのレヴュー論文は、ほかの人びとの結論をただ並べたものではなく、彼自身の考え方を組み込む努力をしている。その点が、指導教員が評価するときに、この論文を際だたせることになる。トピックを絞るときのガイドラインをさらに2つあげよう。

- ◆ トピックを、参考資料を見いだせなくなるほど、狭くしてはいけない。
- ◆ 指導教員のアドバイスに従いなさい。というのも、指導教員は、実際的でないトピックを取りあげるのを避けるように助けてくれるからである。

　いくつかの具体的なアイディアをもって指導教員を訪れると、たいてい、彼らは喜んで、トピックと研究案の構成が矛盾しないよう、アイディアを調整する手助けをしてくれるだろう。以下は、ジクムント・フロイトに関する期末論文のタイトルをいかに絞っていくかの例である。

限定しないトピック（広すぎる）
　パーソナリティと異常行動に関するフロイトの理論

20ページに限定された論文
　心の健康に適用されるエディプス葛藤に関するフロイト理論

10ページに限定された論文
　幼児性欲に関するフロイト理論

　論文のタイトルは，文献探索を終え，読み込み，トピックについてよりよい理解を得た後で，いくらでも洗練することができる。以下は，1セメスターの研究コースに対してトピックを絞るもう1つの例である。肝心なのは，研究プランにつける仮のタイトルではなく，研究の焦点化のための問いである。

限定しないトピック（1セメスターの研究プランとしては，広すぎる）
　ノンバーバル刺激が，どのように解読されるか？

やや限定されたトピック
　ある種のノンバーバル刺激が，男性，女性の被験者によってどのように解読されるか？

適切に限定されたトピック
　ポダンク大学における心理学入門課程の男子学生と女子学生は，男女の俳優の顔写真サンプルの喜び，失望，怒り，そして恐れの表情を解読する能力に，どのような違いがあるか？

　もしあなたが研究方法論のコースに登録しているなら，テキストに，仮説を評価する基準について書かれているだろう。それを詳細に論じるのは本書の範囲を超えているが，3つの基準をあげることができる。

　◆ 実証的研究における仮説は，信頼できる考えと事実に根拠が置かれるべきである。言い換えれば，あなたの考えが，科学的文献において受けいれられている見解と矛盾しないかを見るために，予備的な文献探索をしなければならない。もしそうした見解と矛盾していれば，その不一致について考え，そして（指導教員の支援のもとで）あなたの考えが実際に新しい洞察なのか，あるいは別の仮説を展開する必要があるかを決めな

ければならない。
- ◆ 正確に焦点を絞って仮説を述べる。専門用語を正しく使っているかどうか確認するために，図書館に行って文献（たとえば，心理学の専門辞典）にあたる。仮説が焦点化されているかどうかを確かめるには，指導教員に相談するとよい。指導教員は，適切でない用語や現実的でない考えをどうやって取り除いたらよいか，教えてくれるだろう。
- ◆ 仮説と予測は，正しくない場合には反証可能でなければならない。何らかの実証的方法によって論駁できないものは，非科学的であると見なされる。たとえば，"すべての行動は，われわれの内部にある善と悪の産物である"という陳述は，妥当な科学的仮説とは言えない。あまりにも漠然としていて，実証的に論駁しえないからである。

▎読者とトピックを知る

　執筆を仕事とする人たちは誰でも，ある特定の読者のために書いているということを知っている。この知識が，彼らの作品の調子やスタイルを決めるのに役立っている。火事についての新聞記者の記事と，同じ事件を描いた短編とを比べてみよう。読者を知るということは，著者が大学生で，研究レポートや文献レヴューを書く場合であっても，同じく大変重要である。読者はあなたの指導教員であり，たんなる通常の読者ではなく，その領域における見識をもっている。つまり，あなたは自分の獲得した知識を披瀝し，この眼の肥えた読者に対して，あなたが得た洞察に対する証拠を示すために書いているのである。

　もしあなたが指導教員の評価基準に疑問があれば，研究を始める前にそれらがどんなものであるか確かめておくこと。たとえば研究法のコースのある指導教員の講義シラバスには，提出されたレポートのさまざまな部分に対する次のような評価基準がリストされている（括弧内の数字は配分のパーセント）。

要約
　情報の有益さ（5）
問題
　目的の明確さ（10）
　文献レヴュー（10）
方法

研究デザインの適切さ（10）
　　記述の仕方の質と完成度（10）
　結果
　　分析の適切さと正しさ（10）
　　図表の使用（5）
　　提示のしかたの明確さ（10）
　考察
　　結果の解釈（10）
　　批評／将来の方向（10）
　その他
　　構成，スタイル，文献など（5）
　　生のデータと計算の付録（5）

　この種の情報は，指導教員がレポートを評価するときと同じやり方で，学生が課題のさまざまな部分に集中できるようにしてくれる。この情報はまた，最終レポートにおいて重要なことがすべて適切に網羅されていることを確実にするための，チェックリストとしても役立つ。指導教員のだれもが，評価に関してこのように詳細な情報を用意しているわけではないだろうが，しかしこのリストは，指導教員が提供するほかの情報と併せてあなた自身のチェックリストを作るのに役立てることができる。

◾ 理解を育む

　さて，あなたの主たる読者――あなたの指導教員――が，何を期待しているかがわかったとしよう。次には，自分のトピックについて表面的以上に理解を深めるよう挑戦しなければならない。トピックについて読めば読むほど，そして友だちと自分の考えについて議論すればするほど，そのトピックについての直感的理解がさらに育まれていくだろう。次章では，理解を深めるためにコンピュータ化された資料や図書館の文献を利用する方法について述べる。取り組むに当たって，アドバイスが2つある。

　　◆ 突然思いついたアイディアを書き留めておくために，カードやポストイットをいつも手元に置いておくのが有用だという著者もいる。トピック

をしっかり心に留めておくのによい方法である。
- ◆ 文献資料をきちんと理解しなければならない。そこで卓上辞書を用意し，知らないことばに出会ったときはいつでも調べるようにしよう。大いに有用な習慣である。

最も包括的な辞書は，**大辞典**（用語や定義を省いて版を短縮していない辞典）と呼ばれているものである。英語ではすべての大辞典の中で最も有名な（そして最も包括的な）大辞典は，複数巻からなる『オックスフォード英語辞典』（OEDと呼ばれている）である。ハードカバー版は高価であるが，たぶん大学の図書館にあるだろう。図書館によっては，このOEDに電子的にアクセスできるところもある。語彙の知られていない語源に興味のある学生なら，このOEDを調べるべきである。

第2章
参考資料を見つける，使う

レヴュー論文を準備するのに，文献探索は絶対に欠くことのできないステップである。また，研究プランにおいても，あなたの考えを一貫した文脈の中におき，既存の研究を基礎にするための基本的な局面である。利用できる多くのオンラインの資料や印刷物について知識があれば，必要とする情報を探し出すのにどのくらいの労力がかかるかが判断できる。情報を電子的に検索する方法を知っていれば，時間と努力の節約になる。

▶ 問題を定義する

　研究案，あるいはレヴュー論文のアイディアをもっており，すでに予備的段階として指導教員に話しており，また計画を文書で提出しなければならないとしよう。次章では，このような研究案について説明する。しかし下書きを始める前に，興味のあるトピックに関連する研究を見つけ出して，読まなければならない。よく理解してもらえるように，いくつか仮説をつくって研究案を書くために，鍵となる研究を集めようと思っているマヤという学生を肩越しに覗いてみることにしよう。まず，マヤがどうやって文献探索の過程を一歩一歩進んでいったかを描いていく。その後で，彼女が使用した情報源を詳しく調べ，さらに大学図書館やウェブサイトを通して電子的に利用できる，そのほかの情報源についても吟味する。

　マヤは，講義で紹介されたロバート・ローゼンタールとレノア・ジェーコブソンによる古典的研究，「ピグマリオン実験」に関連する研究をしたいと考えている。指導教員が紹介した『教室のピグマリオン』という本の中に，この実験が述べられている。ローゼンタールとジェーコブソンは，1960年代に，南サンフランシスコの公立小学校のすべての子どもたちに，標準的な非言語的知

能検査を実施した。先生たちは，この検査は知的"開花"に関するものであるとだけ知らされ，子どもの約20%（その子どもたちは，調査者たちがランダムに選び出した）は，このテストの成績から，著しく知的成長をする可能性を示していると告げられた。言い換えれば，知的に開花する可能性のある生徒とほかの生徒との間の違いは，先生の心の中にのみあったのである。同じ知能検査を用いて，この子どもたちの成績が，1セメスター後，1学年度後，さらに2学年度後に測定された。結果は，総知能得点の差異がもっとも大きかったのは1学年度後であったが，開花するとされた生徒たちは，2年後においてさえ，ほかの生徒たちよりも成績がよかった。マヤの指導教員はこの結果を，心理学者たちが一般に**期待効果**と呼ぶ例だと述べた。

　マヤは指導教員にピグマリオン実験に関心があることを伝え，指導教員はローゼンタールとジェーコブソンの著書を読むことと，スチーブン・ロウデンブッシュの雑誌論文を探すように言った。この指導教員は，ロウデンブッシュの論文が何時どこに載っているか定かでなかったが，たしか1980年代の *Journal of Educational Psychology* だったと言った。彼は，ロウデンブッシュの論文は，その時点までのピグマリオン実験のすべてに関する量的文献研究（メタ分析）結果のレポートであると述べた。指導教員はマヤに，この論文を探すのに，PsycINFOで著者検索するようマヤにアドバイスした。彼はまた，図書館にある最新の心理学事典で**期待効果**と**ピグマリオン実験**について調べ，そして，それぞれの電子データベースにとって適切な**制限語彙**（**統制語彙**とも呼ばれる）を取り出した後で，再びPsycINFOを使ってもっと広範囲に要約の検索をするよう指示した。適切な語彙を使用することで，"間違った"用語を探してしまったときのフラストレーションを防ぐことができる。しかしマヤは，ともかく指導教員が述べた用語を使って，自分で取り組んでみようと決心をした。［訳注：本書の文献データベースの検索はアメリカの大学の例である。日本の国内でどのような文献データベースが利用できるかは大学によって異なるので，大学の図書館に問い合わせる必要がある。］

▶ マヤの肩越しに覗く

　マヤは自分の大学の図書館のウェブ・ページ（たいてい，大学のホームページにリンクしている）を見つけることから始め，それからローゼンタールとジェーコブソンの本を探すためオンライン目録を調べた。彼女は検索窓に"教室

のピグマリオン"とタイプし，それは"書名"であると指示し，"検索開始"ボタンをクリックする。返された情報から，この本の請求番号がわかり，図書館のどの書架にこの本があるかを教えてくれる。また，この本が図書館内にあるか，借し出し中か，返却期限を過ぎているかなども示している。たとえば，もし『教室のピグマリオン』が，しばらく前に他の人に借り出されてしまっており，まだ返却されていないならば，現在借り出している人に返すように言ってもらって，図書館にこの本を"戻す"ことができる。幸い，この本は図書館にあり，マヤはその本を見つけ，図書館の貸出し係に持って行って借り出した。図書館にいる間に，彼女は心理学辞典のある場所を聞き，何冊かある辞典の場所を教えてもらった。彼女は索引で**期待効果**を探し，記述を読み，期待効果が**実験者期待効果**とも言われ，ローゼンタールがこのトピックについての記念碑的研究を行ったので，**ローゼンタール効果**と言われることもあることがわかった。マヤは関係文献と百科事典の論文に引用されている推奨文献等をノートにとった。後で読むためでる。

　ロウデンブッシュの論文を探すために，マヤは再びコンピュータから図書館の文献データベースにアクセスした。図書館のウェブ・サイトのメインページに，彼女は"電子データベース"（あるいは，図書館によってはe-リソース）としてリストされているPsycINFOを見つけた。多くの図書館は，契約している全データベースをアルファベット順にリストしているので，スクロールダウンして探しているデータベースを見つけることができる。もしデータベースが学問分野（文化人類学，経営学，心理学など）でまとめられているなら，普通心理学の最初にPsycINFOが現れる。マヤはPsycINFOをクリックし，"Author［著者］"のところをチェックした。そこで"Raudenbush"とタイプし，それから検索ボタンをクリックした。その結果，この著者による公刊されている研究の長いリストが出てくる。リストの各項目はPsycINFOの記録にリンクしており，その研究の要約が得られる。マヤは，指導教員が述べていた論文にたどりつくまでリストをスクロールダウンし，PsycINFOの記事を印刷した（資料4に示されている）。この論文全体をPsycARTICLESと呼ばれるPsycINFOの資料データベースで利用することはできない。しかし彼女は後で，それを大学の図書館で探して，関連部分をコピーすることにする。論文のPsycINFO記録における情報（雑誌名，年，巻とページ数）がわかりさえすれば，図書館で調べる方法は知っている。

　これを全部終えれば，すでに詳細を検索するためにどんな電子データベース

資料4　ジャーナル論文についてのPsycINFOの記録

PsycINFO 1984-1987における記録1の1

AN（論文番号）：1984-16218-001

DT（文書タイプ）：ジャーナル論文

TI（タイトル）：期待誘導の信頼性の関数としての生徒のIQに関する教師の期待効果の大きさ：18の実験からの総合的知見。

AU（著者）：**Raudenbush, -Stephen-W**

SO（出典）：Journal of Educational Psychology,1984,Feb.; Vol 76(1): 85-97

PB（発行者）：US：アメリカ心理学会

IS（ISSN）：0022-0663

PY（発行年）：1984

AB（アブストラクト）：生徒のIQに関する教師の期待効果を調べた実験結果の変動性について検討するためにメタ分析が用いられた。R. Rosenthal and L. Jacobson (1968) によって開発された"ピグマリオン"実験における，ランダムに選ばれた子どもに対する教師の期待を高める情報を研究者が教師に与えるという期待誘導のための手続きは，根拠に乏しいとして問題視されている。優れた教師ほど，期待誘導の時点で自分の生徒たちのことをよく知っているので，このような措置の効果はより小さくなるという仮説が提出された。データはこの仮説を強く支持するものであった。IQテストのタイプ（グループ 対 個人）とテスト実施者のタイプ（期待誘導情報を知っているか，まったく知らないか）が実験結果に影響するという仮説は，支持されなかった。期待効果は3～6年生の子どもたちよりも，1～2年生の子供たちの方がより大きいとする仮説は支持された。しかしながら，有意な効果が，7年生の段階で再び現れた。今後のメタ分析研究のための理論的示唆と疑問が議論された。(57の引用)（PsycINFOデータベース記録（c）2000　APA, all rights reserved）

出典：PsycINFOデータベースの発行元であるAPAの許可を得て掲載，著作権はすべてAPAに属すので，事前の許可なくしての複製を禁止。

でも使える技術をマスターしている。今では，彼女は文献検索をPsycINFOデータベースで始めている。PsycINFOの画面は，その図書館が契約しているサービス形態によって違っている。マヤはいきなり検索しないで，使用可能な検索語が何であるかを教えてくれるPsycINFOにある"THESAURUS SEARCH［シソーラス（類義語・反義語）検索ボタン］"を用いた。彼女は"expectancy effects"とタイプし（2つの単語の前後を" "で括っているのは，単一のことば，expectancyとeffectsではなく，2つのことばの組み合わせを検索エンジンに探してほしいからである）エンターキーを押した。（たいていの検索エンジンは，マヤが使用したような引用符か，検索コマンドが必要である。）しかしながら，マヤが入力した通りではヒットしない（それは統制語彙のなかにない）。そして最も近い用語としてリストされたものは，彼女の検索には関係

がなかった。次に彼女は，"teacher expectancy" と入力した。これもまた"間違った"用語で，ヒットしない。しかしながら彼女は，"teacher expectations" が関連用語としてリストされたのでそれをクリックした。他にもいくつか選択肢がリストされた。彼女はこのトピックを PsycINFO で探すときにもっとも効果的な用語を探すため，"expectations" をクリックした。

マヤは "experimenter expectations" から始めることに決め，この用語をボックスでチェックし，そして "SEARCH［検索］" をクリックした。プログラムはこの用語を自動的に探し，158 項目を選び出した。デフォルト（既定の設定）によって，最近の論文が先頭に来る。マヤは再び同じ用語を使ってもう一度検索したが，今度は "journal articles only［雑誌論文に限定］" を選択した。リストは 125 に減ったが，依然として記録量が多く，1 ページに入りきらない。検索結果の画面は通常，ページあたり完全なリストの一部のみを返す。マヤの画面は，1 ページあたり 25 をリストしている。彼女は 125 すべてを見ることにした。というのも，5 ページスクロールダウンすればよいからである。彼女は自分の研究仮説にとって関連ありそうなリストの項目について，各項目の前にある枠にチェックを入れた。全部で 7 つあった。そして彼女は "VIEW MARKED RECORDS［チェックされたリストを見る］" ボタンを押した。このリストについて，彼女はドロップ - ダウン・メニューから "citation and abstract［引用と要約］"（要約は，1，2 段落程度のその論文の要約）を選んだ。彼女はこれらの要約を読んで，適切なものとして 5 つを選び，そして "SAVE／PRINT／EMAIL［保存／印刷／E メール］" をクリックした。図書館のコンピュータを使用している場合，このリストと要約を印刷することも，自分宛に e メールすることもできる。しかし，彼女は自分のコンピュータを使用していたので，そのファイルをドライブに保存した。リストと要約を共に e メールしたり印刷したりするためには，その前に，それぞれを表示しなければならない。そうでないと，どちらかを保存するだけになる。

▌ オンライン目録を使って拾い読みする

マヤは，図書館のオンライン目録を使って『教室のピグマリオン』を探し，それからこの本と関連書籍を見つけに書架に行った。アメリカの図書館すべてが，自動化されたカード目録用に同じオンライン・プログラムを使っているわけではないが，通常同じ基礎的情報を提供している。もしワシントンにある国

資料5　アメリカ国会図書館（LC）の書籍オンライン・レコード

```
LC Control Number:      68019667
Type of Material:       Book (Print, Microform, Electronic, etc.)
Personal Name:          Rosenthal, Robert, 1933-
Main Title:             Pygmalion in the classroom; teacher expectation
                        and pupils' intellectual development [by] Robert
                        Rosenthal [and] Lenore Jacobson.
Published/Created:      New York, Holt, Rinehart and Winston [1968]
Related Names:          Jacobson, Lenore, joint author.
Description:            xi, 240 p. illus. 23 cm.
ISBN:                   0030688051
                        0030686857 (college ed.)
Notes:                  Bibliography: p. 219-229.
Subjects:               Prediction of scholastic success.
                        Children--Intelligence levels.
LC Classification:      LB1131 .R585
Dewey Class No.:        372.12/64 19
                        ---------------------
CALL NUMBER:            LB1131 .R585
                        Copy 1
-- Request in:          Jefferson or Adams Bldg General or Area Studies
                        Reading Rms
-- Status:              Not Charged
```

　会図書館のオンライン目録のウェブ・サイト（www.Web.log.gov/catalog）に行って，ローゼンタールとジェーコブソンの著作を探してみれば，資料5に示されている詳細な記録を見出せるだろう。オンライン目録ができる前には，すべての図書館が並べれば何キロメートルにもなるようなカード目録を備えていた（ふつう，文献係の近くにあった）。資料5の情報は，あなたの図書館のオンライン記録よりも詳細かもしれない。ほとんどの学生にとって重要な情報は，このオンライン記録の下の方にあるLB1131.R585の請求番号である。このコードは，この書籍を見出すためには，書架のLB区画に行き，次に数字（1131）の区画へ行き，そして英字と数字を組み合わせた（R585）の区画へと進むことを意味している。

　ちなみに，"LC Control Number [LCコントロール番号]"というのは，国会図書館の内部コードである。"Type of Material [資料のタイプ]"は，この本がいくつかの形式で利用できることを示している。"Personal Name [個人名]"は，最初の著者名の名前と生年を示す。この本のタイトルと副題名が，その次に示され，それに続いてタイトルページに表記された順に著者たちがリストされている。つぎに出版社の所在地と出版社名（New York, Holt, Rinehart and Winston）そして著作権登録の年が続く。"Description [形状]"は，前付けの

ページ数（xi）と本文のページ数（240 ページ）を示し，また図その他の図解（illus.）があり，本の高さが 23 センチであることを示す。"ISBN"（国際標準書籍番号）は，発行所によって割り当てられたこの本の識別コード番号である。"Dewey Class No.［デューイ・クラス・ナンバー］"というのは，著書を目録化するもう 1 つの方法である（これについては，後で触れる）が，マヤの大学図書館が本の分類に使用しているのは，"LC Classification［国会図書館分類］"（国会図書館請求番号）である。そのほかの有益な情報は，この本が別に置いてある建物や場所と，この本は貸し出し可能であるという注記である（"Not Charged［非貸し出し中］"）。

マヤはこの本を見つけるために書架に行き，心理学事典がどこの棚にあるかを司書に尋ねた。コピー機がどこにあり，それを利用するためにコインが必要か，カードを買わねばならないかなどを知ることも役に立つ。雑誌や本からページをコピーする方が，何ページも手で書き写すよりはるかに簡単だし，コピーなら，それが元の資料のままの情報であることが保証される。自分のコンピュータから図書館の電子データベースにアクセスする方法がわからないときには尋ねればよいが，通常利用者名とパスワードが求められるから，それも聞く。もし**案内**ブースがあるなら，そこには多方面の知識をもっている司書がいてあらゆる質問に応じてくれ，少なくともあなたの問題に役立つ資料のあるところを教えてくれる。"貸し出し不可"の図書もあるが，それらは図書館の特別区画で閲覧できる。たとえば，心理テストについての情報を見つけたいとしよう。司書は *Mental Measurement Yearbook*（『心理測定年報』）を教えてくれるだろう。そこには，テスト実施に必要な人数，形態，費用，著者，発行所，旧版の関連事項，専門家によるレヴュー文献，専門雑誌論文，書籍，このテストについて論じている博士論文などの情報が示されている。もし貸し出し中の本や雑誌を見たいときは，案内デスクで図書館間借り出しを請求することもできる。

貸出・返却受付は，マヤが自分の本を借り出すために行くところである。そこはもちろん資料を返したり，返却遅れの注意を受けたときの処理を行うところでもある。写真付の ID をもっていこう。そこには**制限図書**の区画もあり，そこは，図書館が"館内"とか"貸し出し禁止"に指定した書籍，雑誌論文，その他の資料のためのセクションである。あなたはこれらの資料を，この制限図書区画で，一定時間内でのみ（たとえば，2 時間だけ）閲覧することができる。**定期刊行物**のところには，最近の学術雑誌，他の雑誌，新聞などが置いてある。しかしながら，一部の論文やそのほかの資料は電子的に閲覧できる場合

がある。これは，場所をとらないだけでなく，コピーの紛失，損傷という問題を防止できる方法である。これらの電子的データベース（この章の後半で議論する）は，図書館が相互に繋がれたコンピュータを通して共有しているので，利用できる情報の書庫が拡大される（このウェブに共通の用語の定義リストは，資料 6 を参照）。図書館間の相互貸出しについてはすでに述べた。ほとんどの図書館は複数の図書館グループに属していて，本やほかの資料を分有し，サービスを交換している。

資料 6　ウェブに関する共通用語と特殊用語

attachment（アタッチメント）：特に e メールの添付書類を開くときにダウンロードされるデジタルコード化されたファイル。これには文字や画像，そして最悪の場合には巧妙に隠されたウイルスが含まれる。

browser（ブラウザ）：ウェブページを表示するために使われるプログラム。

cache（キャッシュ）：ウェブページから読み出された画像やテキストが，次に読み出されるときにダウンロードの処理を速くするために記憶されている，コンピュータのハードディスク内の場所。しかしながら，キャッシュは，特にウェブページの情報が常に更新されるときには，そのハードドライブを断片化させる。そこで，キャッシュを定期的に初期化しておくのが良い考えである。

cookies（クッキー）：ウェブ・サイトがそのページの利用者をオンラインで追跡し特定するたに，利用者のハードドライブ内に保存しておく，個人を特定する情報（クッキーを受け入れるのに同意しないと，アクセスを許可しないウェブ・サイトもある）。クッキーに関する情報を取り除くプログラムもある（われわれは，Norton Systemworks を使っている）。

database（データベース）：資料 9 に示されている文献データベースのような，データの集合体。

firewall（ファイアーウォール）：情報を盗んだり，あるいはウェブ・サイトに対する破壊的信号を送信するための足がかりを作ろうとたくらんでいる外部のハッカーから，オンライン・コンピュータを防衛するシステム。

full-text database（フルテキスト・データベース）：全文を閲覧可能な電子メディアによるテキスト資料。たとえば，ジャーナル論文，著書，辞書，あるいは百科事典などの完全な内容を含むもの。

html：ウェブページを作るのに使われる，コード化された言語（hypertext markup language のこと）。

http：多くの URL の先頭に付いている頭字語（http://）で，hypertext transfer protocol の頭文字語。コンピュータがインターネット上で他のコンピュータと通信する際の形式を表している。

hyperlink（ハイパーリンク）：ウェブページ上でマウスを動かしているとマウスポインタが"手"のアイコンに変わる，コードが埋め込まれた画像（アイコンあるいはボタン），あるいは符号化された単語やフレーズ（ふつう青色で，アンダーラインが引かれている）のこと。ハイパーリンクをクリックすれば，別のウェブ・サイトに移動できる。

Internet service provider（インターネット・サービス・プロバイダー）：AOL(アメリカ・オンライン) や MSN（マイクロソフト・ネットワーク），あるいは電話会社やケーブル放送の会社のような，インターネットへのアクセスを提供する会社または組織。

JPEG（ジェイペグ）：Joint Photographic Experts Group の頭字語で，24 ビットカラーをサポートしており微妙な明度と色相を表現できることから，インターネット上の画像のもっともポピュラーな保存形式となっている。

online search（オンライン・サーチ）：情報を検索するために，コンピュータと検索エンジンを用いること。

次頁へつづく

資料6　ウェブに関する共通用語と特殊用語（つづき）

PDF：Portable Document Format の頭字語。PDF 形式の文書は，オリジナルの文書の外見を維持しており，コンピュータにアクロバット・リーダーがインストールされていれば，閲覧することができる（http://.adobe.com から無料で入手できる）。

search engine（サーチエンジン）：キーワードを入力すると，内部に持っている索引を参照して，一連のウェブ文書を出力するプログラム。ポピュラーなサーチエンジンの1つに Google（http://www.google.com）がある。Google の画面上で HELP CENTRAL をクリックすれば，検索のためのヘルプメニューや検索用語の説明，そして高度な検索のコツを見つけることができる。サーチエンジンには他にも Yahoo や HotBot, AltaVista, Lycos, InfoSeek, Excite, Metacrawler などがある。

spam（スパム）：アドレス・リストに載っているすべての人に，自動的に送られる迷惑メール。

URL：uniform resource locator の頭字語で，ウェブ・アドレスのこと。ウォーター・ルー大学で作られた有益なウェブ・サイトの URL のリンク集（http://www.uwaterloo.ca/society/psychol_soc.html）には，アメリカ心理学会や，学生のための奨学金やキャリア計画に関する情報が得られるアメリカ心理学協会のサイトが含まれている。もし社会心理学の分野に関心があるのであれば，ウェスリアン大学のスコット・プロウス博士によって作られた Social Psychology Network（http://www.socialpsychology.org）をチェックしてみるとよい。

viruses（ウイルス）：感染した添付書類あるいは汚染されたファイルが開かれるとき，コンピュータのハードドライブに侵入して損害を与えるプログラムコード。〈ワーム〉と呼ばれるウイルスは自らをコピーして急速にハードドライブ内に拡散する。また〈トロイの木馬〉と呼ばれるものは，普通のファイルに見せかけておきながら，ひそかにハードドライブの情報を消去してしまう。ウイルスに対する防御対策として，ダウンロードしたり開いたりするファイルには用心する。また，添付書類を開く前に検閲したり，最悪の場合ハードディスクのダメージを見つけ出し修復したりするために，アンチウイルスソフトをインストールすること（定期的に，通常は毎週アップデートしておくこと）。

　マヤが探していた国会図書館請求番号は，アメリカの図書館でしばしば使用される2つの主要な図書分類システムのうちの1つである。もう1つは，デューイ十進分類法である。図書の請求には正しい請求番号が必要である。というのも，書架は国会図書館のコードあるいはデューイ十進分類法にしたがってコード化されており，請求番号と一致しているからである。この請求番号は本の背表紙に印刷されている。資料7は，この2つの主要な分類システムを示している。心理学の学生にとっては，これらのシステムは困惑するかもしれない。というのは，心理学の資料はいくつかの異なる見出しのもとに分類されているからである。国会図書館システムは，資料を20の主要グループに分類している，そしてたとえば異常心理学の本は，BF か RC のところで見つけることができる。デューイ十進分類法は，資料を10の見出しで分類している（そして異常心理学は157クラスで見つけられる）。

　図書館によっては，書架への出入りを制限して蔵書を守っているところもある。このように書架に直接行けない閉架式図書館の場合には，閲覧したい本の請求番号を用紙に書いて提出すると，スタッフがあなたに代わって探し出して

資料7　アメリカの図書館で使われている図書分類の2つのシステム

国会図書館システム		デューイ十進法システム	
A	一般図書	000	一般図書
B	哲学・宗教・心理学	100	哲学
C	歴史一般	200	宗教
D	外国史	300	社会諸科学
E-F	アメリカ	400	言語学
G	地理学・文化人類学	500	自然諸科学
H	社会諸科学	600	科学技術
J	政治科学	700	美術
K	法学	800	文学
L	教育	900	歴史・地理学
M	音楽		
N	美術		
P	言語・文学		
Q	科学		
R	医学		
S	農学		
T	科学技術		
U	軍事科学		
V	海軍科学		
Z	書籍・諸科学		

くれる。開架式で書架に入れる場合は，資料8を参照。この表は，2つのシステムによる特定の領域の分類目録を示している。書架に行って拾い読みすれば，予期していなかった役立つ本にめぐり合ったり，アイディアやポイントを明瞭にする重要な一節を手に入れたりできるかもしれない。しかし，関係のない資料をみるなど，脇道に入らないこと。研究の目的に焦点を合わせ続けよう。

▶ PsycINFO, PsycARTICLES, PsycBOOKS, PsycEXTRA

マヤは，APAの主要な論文梗概データベースであるPsycINFOを利用した。彼女が知ったように，こういう電子データベースの利点は，端末さえあればどこからでも知りたい核心を探せることである。たとえ自分のコンピュータを持っていなくても，図書館にはたいてい，閲覧者用のコンピュータが備えられている。それを使用する順番を待たなければならないときは，自動化システムと通信できるコンピュータが他の場所にもあるか聞いてみよう。自分のコンピュータを持っているなら，自分の部屋からこれらの資料にどうやってアクセスし

資料8　アメリカの図書館における心理学文献の分類

国会図書館システム		デューイ十進法システム	
BF	異常心理学	00-	人工知能
	児童心理学	13-	超心理学
	認知	15-	異常心理学
	比較心理学		児童心理学
	環境心理学		認知心理学
	動機づけ		比較心理学
	超心理学		環境心理学
	知覚		産業心理学
	パーソナリティ		動機づけ
	生理学的心理学		知覚
	心理言語学		パーソナリティ
	心理統計学		生理学的心理学
HF	産業心理学	30-	家族
	人事管理		女性心理学
HM	社会心理学		社会心理学
HQ	家族	37-	教育心理学
	女性心理学		特殊教育
LB	教育心理学	40-	心理言語学
LC	特殊教育	51-	統計学
Q	人工知能	61-	精神医学
	生理学的心理学		心理療法
QA	数理統計学	65-	人事管理
RC	異常心理学		
	精神医学		
	心理療法		
T	人事管理		

たらよいか，見つける必要がある。注意しなければならない点として，PsycINFOやほかの電子データベースもそうであるが，用いることのできる検索語彙に制限があり，それぞれのデータベースごとに異なっている。たとえば，PsycINFOの制限語彙の印刷版は，*Thesaurus of Psychological Index Terms*（『心理学索引用語シソーラス』アメリカ心理学会（APA）発行）である。これは通常PsycINFOと契約している図書館に置いてある。国会図書館システムを使用する図書館には，ふつう*Library of Congress Subject Heading Index*（『国会図書館題目見出し索引』）があるが，この中にカード目録で使用できる制限語彙のリストが載せられている。

　フルテキストのデータベースもあるが，オンラインで無料で使用できるもの

補遺資料　日本十進法　本表編（新訂9版）（日本図書館協会, 1995）

00	総記	50	技術・工学
10	哲学（14　心理学）	60	産業
20	歴史	70	芸術・美術
30	社会科学	80	言語
40	自然科学	90	文学

心理学（14の下位分類として3桁の140から149までに分類されている）

140	心理学	140.1　理論・心理学体系［学派］
141	普通心理学・心理各論	
142	発達心理学	
145	異常心理学	
146	臨床心理学，精神分析学	
147	超心理学，心霊研究	
149	応用心理学　　（cf. 社会心理学は，30「社会」の中の36に分類）	

上記は，訳者が補った資料である。

はほとんどない。PsycINFOの記録には，たいてい"journal link［ジャーナル・リンク］"があり，発行者のサイトのホームページにつながって，フルテキストが無料か有料かを知ることができる。（発行所によっては，一定期間を過ぎたものについて無料にしている場合もある。）マヤの場合は，彼女の図書館がアクセス権を取得している学術雑誌や，InfoTrac大学版で全文が利用できる学術雑誌から，論文全体を無料で手に入れられる。"InfoTrac大学版"については次の節で詳しくとりあげるが，PsycARTICLESは，APAの学術雑誌のフルテキスト・データベースで，現在では第1巻の第1号までさかのぼれる。APAはまた，PsycBOOKSと呼ばれるもう1つのデータベースを，各大学が購読できるようにしている。これはAPAが発行したほとんどすべての書籍のリストと，それぞれの各章，歴史的な重要書籍，APAの心理学百科事典の1500にのぼる登録項目についての，全テキスト（PDF）がある。もう1つの新しいAPAデータベースはPsycEXTRAと呼ばれ，PsycINFOにない文献やピアレヴューによる査読のない文献（会議資料，新聞，技術報告書，政府の報告書等）など"灰色文献"（未公刊の文献，あるいは一般の出版市場には流通しない文献）に関する記録や一部については，フルテキストを提供している。

　資料9には，学生が図書館のウェブ・ページから利用できる多くの電子データベースのうちのいくつかについて，その特徴を示してある。学問分野ごと，または関心領域に限定されたデータベースがあり，これらは使い方もやさしい

資料9　電子版文献データベース

名　前	適用範囲
Academic Search Premier	社会科学，人文科学，教育学，コンピュータ科学，工学，言語・言語学，文学，医学，民族研究における多くの学術的公刊物のフルテキストデータ。
AskERIC	研究レポート，会議論文，教育入門書，書籍，幼稚園から大学院博士レベルまでの教育分野におけるジャーナル論文等の書誌記録。ERIC は，Educational Resources Information Center の頭字語である。
booksinprint.com	過去10年間の公刊中もしくは絶版になっている書籍のフルテキスト・レビュー。
britanica.com	『ブリタニカ大百科事典』と『メリアム・ウェブスター・カレッジ辞典』のフルテキスト・データベース。
Census Lookup	アメリカ国政調査局の調査によるもので，もっとも最近の国勢調査データに基づく，指定された地域の資料表にアクセスできる。
CQ Library	*CQ Weekly* 誌と *CQ Researcher* 誌のフルテキスト・データベース。連邦議会で何が起こっているかについてのニュースを提供する。
EDGAR	Electronic Data Gathering, Analysis, and Retrieval System の頭字語であり，証券取引委員会の電子ファイルデータベースである。
Electronic Human Relations Area Files	頭字語は eHRAF である。イエール大学における非営利的機関であり，30カ国を超える国々の教育，研究，文化，政府機関のコンソーシアム。文化や課題に関する人種（民族）的な情報やその関連情報を提供する。
GPO Access	アメリカ政府印刷局のフルテキスト・ドキュメントとその他の情報リンク。
Harrison's Online	よく知られている医学教科書である *Harrison's Principles of Internal Medicine* のフルテキスト。
Info Trac College Edition	『心理学論文・書き方マニュアル』（第7版，本書）の英語版に同梱されているフルテキスト・データベースで，*Annual Review of Psychology* をはじめとして学問分野ごとにリストされている多くのジャーナルに，4ヵ月間無料でアクセスできる。［訳注：原著には無料アクセスのパスワードがついているが，本書ではこれは利用できない。］
Internet Grateful MED	MEDLINE（医学，バイオ医学とその関連分野における国内外の無数の論文を収録しているデータベース），AIDSLINE，HISTLINE（オンラインの医学史データベース）や，そのほかのウェブサイトへのリンク集を含む，健康に関連する検索情報。
JSTOR	生態学，経済学，教育学，財政学，歴史学，数学，政治科学，人口研究における定期刊行物のフルテキスト。

次頁へつづく

資料9　電子版文献データベース（つづき）

名　前	適用範囲
LEXIS-NEXIS Academic UNIVerse	ビジネス，医学，政治，財政，法律を含む報道記事のフルテキスト。各分野ごとの報道記事を知る上で便利な情報源。
MathSciNet	*Mathematical Review* や *Current Mathematical Publications* に掲載されたものを中心とした数学分野の研究文献データベース。
NCJRS Database	National Criminal Justice Reference Service（全米犯罪司法情報サービス）のデータベース。刑事裁判に関する刊行物を参照できる。
New Grove Dictionary	*The New Grove Dictionary of Music and Musicians* と *The New Grove Dictionary of Opera* のフルテキスト。
OED Online	*Oxford English Dictionary* 20巻分の内容がフルテキストで利用できる。
ProQuest Direct	ミシガン大学文書局による学術ジャーナル，定期刊行物，新聞，雑誌の記録。図表，地図，写真，その他の文献のフルテキスト版が参照できる。
PsycARTICLES	APA（アメリカ心理学会）のジャーナル論文のフルテキスト・データベース。
PsyBOOKS	APAから出版されている書籍や，著作権が消滅している歴史に残る有名な書籍，APAの *Encyclopedia of Psychology*（『心理学事典』）に含まれる1500の事項などを提供するフルテキスト・データベース。
PsycEXTRA	"未公刊の，あるいは入手困難な文献"に関するAPAのデータベース。これは多様なフルテキストデータ（会議論文，新聞，技術報告，政府報告など）を含んでいる。
PsycINFO	APAのアブストラクト・データベース。1887年以降にAPAによって作られた，心理学の全領域のあらゆるアブストラクトを含む。
Science Direct	Elsevier社およびその他の多くの出版社のジャーナルの論文が参照できる有料データベース。
Web of Science	*Social Sciences Citation Index*（SSCI）にアクセスすることで，1989年から現在までの間に出版された学術論文の題目と著者名を検索することができる。自然科学分野を対象にした *Sciences Citation Index* もある。

日本国内の電子版データベース（訳者補遺）

『教育心理学研究』	CINII　フルテキスト
『心理学研究』	CINII 学会HP　目次のみ
『カウンセリング研究』	CINII 学会HP　目次（Excelデータ）
『進路指導研究』	CINII 学会HP　（現在のタイトル：キャリア教育研究）
心理学文献書庫	http://www.unis.ac.jp/pda-j/index.html

ので，利用してみるのも面白い。いくつかアドバイスをあげておこう。

- ◆ 自分の調べたい内容を書き留めてから始めよう。検索したい用語あるいは語句のリストをつくろう。
- ◆ オンラインで利用できるデータベースのリストをざっと見る。そしてできるなら，それらを記憶しなくてもすむように，あるいは何度も行ったり来たりしなくてすむように，そのリストをプリントする。
- ◆ 関係があると思ったり，後で役立ちそうなデータベースにチェックをつけておく。
- ◆ 検索するとき，気づかずに同じことを繰り返さないように記録をとる。要約や索引，調べた年号，使用した検索用語などをリストしておく。
- ◆ できれば，後になってまた見ることができるように，探したページをディスクにコピーしておく。このファイルを開く前に（あるいはそれをあなたのハードディスクにダウンロードする前に），そのファイルが感染していないことを確かめるため，ウイルス駆除プログラムを使う。
- ◆ 関連研究の引用リストを作るだけで終わらないようにする。引用するつもりのものはきちんと読むこと。指導教員は，あなたが実際にそれを読んだかどうか知りたく思うだろう。

▲ InfoTrac 大学版と Web of Science

　もう1つの有用な電子データベースである InfoTrac 大学版についてはすでに触れた。ログイン・スクリーンで登録するためには，任意の使用者名と案内冊子に記載されているパスワードを入力する（次に使用する際に忘れないように，使用者名とパスワードを書きとめておく）。登録後は，キーボード検索スクリーンが現れ，そこで検索したい用語をタイプする。また，InfoTrac 大学版を使用するために，検索方略の形式を条件として指定することもできる。たとえば，"in entire article content［論文内容の全体］"と指定すれば，ただ"in title, citation abstract［タイトル，引用要約］"とだけ指定するよりも，もっと拡張した検索が実行される。ブラウザの"入力履歴"にはあなたの検索記録が保存される。そこで以前の検索の1つを選択することができ，その際に得られた検索の結果を"VIEW［見る］"ボタンを押して見ることができる。さまざまな検索を試したい場合には，以前の検索結果を活用することが有効である。また，

第2章　参考資料を見つける，使う　33

"to referred publications［査読付き公刊物］"の横にある枠にチェックの印をつけることで，学術雑誌のコンサルタント（**査読者**と呼ばれる）によって審査された論文のみがリストされる。

　査読付き学術雑誌論文のリストを得たなら，閲覧したい学術雑誌のタイトルの前に付いている枠をクリックすることで，それらのタイトルのリストをサブセットとして利用できるようになる。画面上方にあるメニューから"VIEW MARK LIST［マークリストを見る］"を選べば，サブセットのタイトルの情報を得ることができる。ページの下方には検索時のオプション設定がある。もし"FULL ARTICLE［論文全体］"と"e-mail to article to yourself［自分に e-mail］"のオプションをクリックすれば，利用できる論文のテキストデータを，1つの論文につき1つのメールで受け取ることができる。さらにマークした論文をテキスト形式でプリントするオプションもある。もっとも，これには印刷用紙や印刷費用がかかるので，コンピュータ画面で読む方を選ぶこともあるだろう。マークしたリストにある文献の隣りに，2つのアイコン（小さい画像）が見える。1つは，その文献のテキストデータが利用できることを示している（通常はこの形態）。もう1つの小さなカメラのように見えるアイコンは，テキスト文の中に画像が含まれることを示している。この画像はテキスト中では縮小されて表示されているが，画像の上でクリックすれば実物大で見ることができる。

　InfoTrac 大学版では，論文へのリンクをクリックすることによって使えるいくつかの他のツールも用意されている。論文のテキストデータの最後の部分には，アクロバット・リーダー（ドキュメント閲覧用のコンピュータ・プログラム）を使って学術雑誌に掲載されている通りに原著論文が見られる PDF ファイルを開けることが多い。ほとんどのブラウザにはこのアクロバット・リーダーが前もってインストールされているが，www.adobe.com から無料でダウンロードすることもできる。この PDF 形式は非常に便利であるが，開くのに時間がかかる。もしこの形式で論文を読むときには，いったんファイルをドライブかディスクに保存する方がよい。PDF 形式は，e-mail で送られてくるテキスト形式のものやマークしたリストのリンクを介してブラウザ上で見るよりも，読むのが楽である。各論文の最後の部分には，論文によって異なるが，さらに多くの論文のメニューがあって，関連するトピックにリンクしている。あなたにとってこれらの論文は今は必要ないにしても，後で再検索するときや論文を書くときにたぶん役立つだろう。

　もしメタ分析や博士論文のためにもっと包括的な文献探索をしたいのであれ

ば，資料9に示したもう1つの有用な文献データベースである，Web of Scienceがある。これは *Social Sciences Citation Index*（SSCI，社会科学引用索引），*Science Citation Index*（SCI，科学引用索引），*Arts & Humanities Citation Index*（A & HCI，芸術とヒューマニティ引用索引）の比較的最近の記録へのアクセスを提供している。これらのデータベースは，たとえばあなたが教科書で読んだ古い研究の追試研究をみつけたい際に役に立つ。Web of Scienceでは，ガイダンスを得るための"TUTORIAL［使用法指導］"ボタンや，"FULL SEARCH［全般的検索］" または "EASY SEARCH［簡易検索］"ボタン（特定のトピック，個人，またはアドレスに関する論文の限定的な検索）をクリックすることができる。この種の検索は，古い論文や書籍の"以前の"引用にさかのぼるので，**先祖検索**（ancestry search）と呼ばれる。たとえば，『教室におけるピグマリオン』を調べたいとすると，この本を引用している文献に関する長いリストが得られる。多くの図書館はSSCIのプリント版を備えており，これはとても使いやすい。引用資料の種類を示すために，コード文字が使われている。たとえば，Dは"discussion［討論］"（会議項目），Lは"letter［書簡］"，Mは"meeting abstract［会議要約］"，Nは"technical note［技術ノート］"，RPは"reprint［リプリント］"，Wは"computer review［コンピュータ・レヴュー］"などである。コード文字がない場合は，その引用している資料が論文やレポート，技術報告書などであることを示している。

　PsycINFOやInfoTrac大学版に慣れてしまえば，情報を探すためにほかの電子データベースを使うのは比較的やさしいとわかるに違いない。ここで，さらに若干のアドバイスをしておこう。

　◆ GoogleやYahooを使って検索をして，そこで見つかった文書を信用してはいけない。これらの検索エンジンは**統計的ウェブ・ページ**と呼ばれるページを検索していて，そのページ自身には検索機能がない。つまり，表層の薄いデジタル化された情報しか検索しない。資料9に示した電子データベースは，**ディープ・ウェブ**（deep Web）と呼ばれるものの一部で，これは，そのウェブ・サイト内からデータベースを利用するときにのみ，表に現れることを意味する。GoogleやYahoo，そしてその他の同様の検索エンジンは，表層から深く掘り下げる機能を持っていない。したがって，（これらの検索エンジンから見つけた）資料は，指導教員が文献レヴューとして期待しているものとはならないだろう。

◆ 教科書やほかの講義資料の適切な使用を助けるために設けられた，啓発的なウェブ・サイトもある。これらのウェブ・サイトには，興味を引きつけるため面白そうなゲームもあったりするが，それらに誘惑されないためにも，ある特別な目的をもってウェブ・サイトを閲覧しているということを忘れないようにしよう（そのようなゲームで遊ぶのは，学期が終わってからにすること）。
◆ もしあなたが，大勢の活発な研究者たちが所属している学部にいるなら，あなたが関心のあるまさにその問題を研究している人がいる可能性がある。そういう人を見つけるには，指導教員に，そういう人に会えるかどうか聞きなさい。答えがイエスであれば，あなたの関心をその人に聞いてもらい討論するために，面談の予約をとりなさい。ただし，まずはトピックに関する宿題を仕上げることを忘れないように。面談にあたっては，あらかじめ尋ねたい質問をリストアップしておき，面談中はノートを取りなさい。

▌ 図書館のその他の印刷資料

　図書館には辞書やさまざまな参考資料など，非常に多くの印刷資料がある。たとえば，押韻スラング，アフリカ系アメリカ人のスラング，ピッグラテン［訳注：語頭の子音（群）を後にまわし，それに「ei」の音を加えてつくる，ふざけて使うことば。たとえば oybay=boy］などの歴史がわかる辞書がある。ニュースにのぼる人名や著名な人びとについての情報に関心があるなら，*Current Biography*（『最新人名辞典』）や *Who's Who*（『フーズ・フー』）を調べることができる。歴史上の有名なアメリカ人を知りたければ，*Dictionary of American Biography*（『アメリカ人名辞典』）か，*Who Was Who in America*（『フーワズ・フー・イン・アメリカ』）を見ることができる。*Dictionary of National Biography*（『英国人名辞典』）は，イギリス史における男女について調べられる。司書は，役に立つと思われる他の研究書を教えてくれることもできる。司書は，学生たちが資料を見出すのを助ける高度の技術をもっていることを是非覚えておいて欲しい。司書がいかに忙しそうに見えても，ひるむ必要はない。資料を見つけるのに助けを求めて，司書に声をかけるのに気遣いはいらない。それが司書の主な存在理由なのだから。

　たとえば，*Annual Review of Psychology*（『心理学年報』）について述べた

が，これは，InfoTrac 大学版で完全なテキストで利用でき，プリントも入手できる。これは定期刊行物（一定の間隔で発行されるもの）で，この科学におけるあらゆる主題についての深い議論を提供するもので，各論文は，専門的トピックに関する指導的な権威による詳細なレヴューから成り立っている。たとえば，『心理学年報』の文献を見るのは，鍵となる研究を見つけるのによい方法である。心理学における別の有用な資料は，**ハンドブック**と呼ばれるものである。このことばを図書館の自動化目録で探せば，何冊か専門的なハンドブックが見つかるだろう。これらの編集された本にもまた詳しいレヴューがあり，またハンドブックの各章は，年報や百科事典の項目よりももう少し特定のトピックにかたよるきらいはあるけれども，これらの資料のいくつかを追えば，あなたが関心をもっている研究領域の全体像を形作るのに役立つ。

　学術雑誌によっては，統合的レヴューに専門化されているものもある。このようなものの1つが，大変権威ある *Psychological Bulletin*（『サイコロジカル・ブレティン』）（APA より隔月発行）である。もう1つの優れた学術雑誌は，*Review of General Psychology*（『レヴュー・オブ・ジェネラル・サイコロジー』）（APA の一般心理学部門の雑誌で，年4回発行）である。大変権威あるあと2つの学術雑誌が，*Psychological Review*（『サイコロジカル・レヴュー』）（年4回発行の APA の学術雑誌）と *Behavioral and Brain Sciences*（『ビヘーヴィオラル・アンド・ブレイン・サイエンセス』）（年4回発行，ケンブリッジ大学出版局）で，影響力のある総合的な論文資料である。『ビヘーヴィオラル・アンド・ブレイン・サイエンセス』の1つの特別な特徴は，各論文の末尾に，ほかの著者たちによる論文への生きのよいコメント（"同僚の専門家たちによる公開コメント"）が見られるセクションがあることである。アメリカ心理学協会（American Psychological Society, APS）は，その研究学術雑誌 *Psychological Science*（『サイコロジカル・サイエンス』）の *Psychological Science in the Public Interest*（『公共的関心における心理学的科学』）と呼ばれる補遺を発行している。これは公共的関心のある1つのトピックに焦点を当てた年2回発行のモノグラフ［訳注：専攻論文または研究書］ である。たとえば，ここで扱われたトピックの中には，「メディア暴力が若者に与える影響」（2003年12月），「幸福と健康における自尊心の役割」（2003年5月），「うつ病の治療と予防」（2002年11月）などがある。もう1つ有用な APS の発行物に *Current Directions in Psychology*（『心理学における最近の動向』）があり，これは心理学における最近の知見を要約した総合的レヴューである。ほかにも，*Personality and Social Psychology Review*（『パーソナリティと社会心理学レヴュー』）のような，非常に多くの専門に特化したレヴュー雑誌がある。

◤ 図書館でノートをとる

　要約や，ほかの資料をオンライン検索し，書架の原資料を探し出すことについて述べてきたが，図書館でノートをとることについては述べてこなかった。もしお金があるなら，ノートを正確なものにする最善の方法は，必要な資料をコピーすることである。しかしコピーしたすべてに関する引用元を，コピーのはっきり見えるところに確実に記録しておくようにすること。コピーしたものはさらに解釈する必要がある。資料が手許にあるうちに解釈ノートを作る方が，たいてい容易である。そのようなノートをつくれば，正確な論文が書けるだけでなく，論文を効果的に構成することができるだろう。

　詳細なノートをとることはまた，不用意な剽窃（盗用）からあなたを守ることになる。この問題については，本書の後半でもっと詳しく述べるが，出所を明示せずに他者の研究をそれと知りながらコピーしたり要約したりすれば，それは意図的剽窃である。他者の研究をコピーして，原著者名を明示し忘れたり，引用符で囲むのを忘れたりすれば，それも結果的に剽窃である。剽窃は違法であり，他者の研究を写さなければならないときは，正確なノートをとり，原著者名等出典を明記して，剽窃とならないようにすべきである。

　ノート型コンピュータを使って大量のノートを取るときは，何ページにもわたるノートに一貫性をもたせるためにも，それから少し距離をとるためにも，何らかの方法が必要になる。これは図書館で手書きのノートをとる場合も同じである。手書きでノートをとる場合に有用な方法は，文献探索していて見つけた関連資料の個々のアイディアに対して，それぞれ別々のカードを使うことである。多くの研究者が大きめのカードを使用するのを好むが，というのも，大きなカードであれば表面だけから欲しいと思うすべての情報を得ることができるので，後で見つけやすいからである。もしノートをとるのにコンピュータを使うなら，それをプリントして，論理的なまとまりに纏めておくことができる（大きなカードでするように）。それぞれのノートに対しては，逐語引用したページ番号（あなたの論文の中で言及する）はもちろんのこと，論文の引用文献記載に必要な情報を含めて，資料の全参照情報を記載するようにすること。

　文献レヴューのアウトラインを作ったならば（第5章で述べるように），そ

れぞれのカードやプリントアウトを研究のアウトラインのセクションでコード化して（あるいは色別のコード化法を使うこともできる）それぞれのカードやプリントアウトの内容が何を説明しているのかわかるようにする。もう1つの方法は，論文のそれぞれの部分ごとにフォルダーを使うもので，適切なまとまりごとにフォルダーをつくってファイルする。このようにして，ノートに全般的な秩序を保つことができ，有効なかたちに分類してまとめようとするとき，あの情報この情報の雑多な山に直面して，あまりに膨大でどうしてよいかわからないという事態を避けることができる。資料をコード化するのに参考番号を使用するなら，一貫していなければならない。いい加減に整理しておくと，いざ最初の原稿を書こうという時になって，作業を遅らせることにしかならないからである。

ノートをとるときの最も基本的な原則は，徹底的かつ体系的にし，同じ本や論文に戻らなければならなくなって時間とエネルギーの浪費をしなくてすむようにする，ということである。記憶というものは穴の多いものだから，ギャップを埋めるのに想起に頼るよりも，コピーややりすぎと思うくらい記録をとっておくほうがよい。ノートを確かなものすることの重要性は，それを後で吟味するときになって実感するだろう。

▌資料の信頼性

情報のすべてが信頼のおけるものとは限らない。問題は，いかにして信頼のおけるものをそうでないものから区別するかである。この問題に答えるのは簡単ではない。同じ情報でも，人によって信頼性の判断が分かれることもある。科学におけるこの問題への対処は，権威ある研究雑誌で行われている方法であるが，投稿された原稿を，**同僚の専門家たちによるレヴュー**（peer review）に付すことである。つまり，雑誌の編集者が独立した評価と推薦を求めて，同じ分野の専門家にその原稿を送るのである。時には不十分な研究が見逃されることがないというわけではないが，一般的には研究者たちは，未公刊の原稿，専門的報告，編集本の諸章（これらは，レヴューされていたとしても，軽いものであることが多い）よりも，研究仲間がレヴューした学術雑誌論文の方に，ずっと重きを置くように教育されている。教科書もレヴューされることがあるが，たいていは，出版社が，売れるかどうかを見てもらうためである。

いずれの分野でもそうであるが，研究仲間によってレヴューされた文献にも，

おのずと順位がある。ひとつの学術雑誌に拒否された原稿が，受け入れてくれるところが見つかるまで第2，第3の学術雑誌に送られたりすることがある。このことは，最高ランクの学術雑誌の論文が，ほかの学術雑誌における論文よりも，自動的により信頼がおけるということを意味するわけではない。ただいずれの分野においても，学術雑誌に社会的階層があるということであり，発表するのが最も困難な学術雑誌が，一般にその社会構造の一番上位に位置しているのである。いくつかのケースでは，最も声価の高い学術雑誌に提出された85％またはそれ以上の原稿が，研究仲間によるレヴューに基づいて編集者によって拒否されている。この中には，その学術雑誌には適切ではないと判断され，レヴューもせずに編集者から戻される原稿もある。イエール大学の心理学者 R. J. スターンバーグは，「どこで出版されたかは，その研究の質とインパクトを必ずしも妥当に示すわけではない」，と賢明にも警告している（*APA Observer*, p.40)。

しかしながら，ウェブのチャット・ルームの情報のように，とりわけ疑わしいのもある。実際，心理科学では，このようなチャット・ルームの性質や，噂やゴシップが生まれる肥沃な背景についての文献が増大しているのである。どれをとっても，読んでいることが事実なのか，噂なのか（つまり，裏付けのない主張)，あるいは真っ赤なウソであるのか，見極めるのは難しいだろう。「品物を見もせずに買う」という格言が，このような情報の大部分に当てはまる。私たちにできる最善のアドバイスは，疑わしいときには，ガイダンスを求めて指導教員に尋ねなさい，ということである。

◤ コツをもう少し

文献探索を始めるとき，自分のレヴューで必要な資料がどのくらいかを，現実的に判断するようにしなさい。学術雑誌論文や本が少なすぎれば，研究の基礎が弱いものとなるし，あまりにも資料が多すぎたり期待が過大であれば，圧倒されてしまう。あなたは博士論文や学術雑誌論文を書くわけではなく，限られた時間内で完成しなければならない課題論文を書こうとしているのである。少なすぎと多すぎの間の幸福な中間をどうやったら見出せるだろうか。集中的に文献探索を始める前に，指導教員と話し合いなさい。あなたの研究案が現実的であるかどうか，尋ねてみなさい。

ここに，効率的な文献探索に取り組もうとするときのためのコツを，もう少

しあげておこう。

- ◆ 読むべき，あるいは調べるべき鍵となる研究を推薦してくれるよう，指導教員に求めなさい。たとえすでに自分のトピックに自信をもっているとしても，特に何が重要かを指導教員に尋ねれば，脇道にそれるのを防ぐことができる。
- ◆ 一度で文献探索を終えることを期待してはいけない。非現実的な期待をもつ学生は，本来最善の結果を達成するには根気よく，そして几帳面になされなければならない課題を，不安にかられて急いで行おうとする。
- ◆ 書架に，探している資料がないとしよう。本や学術雑誌論文を探して毎日のように図書館に繰り返し通ったあげく，ようやくそれが貸し出し中，あるいは再製本中だとわかるという学生がいる。資料が見つからなかったら，司書に聞こう。もし必要とする原著が手に入らないなら，司書は，ほかの大学図書館に問い合わせてくれるだろう。しかしながら，その資料が届くまで時間がかかりすぎて，締め切りに間に合わないこともある（この種の遅れは，言い訳として認められない）。
- ◆ もし専門的研究を探しているのなら，おそらく小さな公共図書館では見つけられないだろうから，時間を無駄にしないようにしよう。学生がキャンパス外の公共図書館や書店で多くの時間を費やして資料を探しても，得られるのはふつう一般のテキストや現在市販されている本や定期刊行物などである。このようなものは，めったに満足のいく資料とはならない。
- ◆ 探した資料と，検索用語のチェックリストをいつも更新しておくことを忘れないように。そうすれば，うっかり同じことをまた繰り返さないでも済む。

▶ 図書館でのエチケット

　レヴュー論文や研究案を作成するための基本に戻る前に，最後にいくつか，図書館を利用するうえでのアドバイスをしておこう。図書館のエチケットの「黄金律」は，図書館を尊重し，ほかの人びともまた利用していることを忘れないということである。

◆ 静かにしなさい。
◆ 雑誌や本のページを絶対に破らない。
◆ 図書館の雑誌や本に決して書き込みをしない。
◆ 資料やいろいろな機器を独占しない。
◆ 作業が終わったら，できるだけ早く本や定期刊行物を返却する。

第3章
研究案を作る

いったんトピックを選び，背景となる情報を収集し，自分の考えを具体化したなら，次のステップは研究案を作成することである。指導教員によっては，口頭発表で十分だという人もいるが，しかしほとんどの指導教員は，提案された研究の倫理的論点も含めて，指導教員と学生双方が同じ理解をもてるように，研究案を文書にして提出するよう求めている。

▶ 研究案の目的

　研究案の目的は，何を研究したいかを指導教員に伝えることである。しかしながら，それは一方交通的なコミュニケーションではなく，先に進む前に指導教員から考慮すべきいろいろな問題点を指摘してもらう機会でもある。もし課題が実験的研究であれば，研究案は，何らかの倫理的問題を予測して事前に対処する機会でもある。研究案は，あなたと指導教員との間の一種の"同意書"だと考えてもよい。いったんその研究案が認められたなら，その手続きのどこかを変えようとするときには，その前に指導教員と相談することが前提とされている。研究案が文献レヴューの場合には，一般にもっと柔軟であってよい。この場合の研究案は，あなたが限られた時間内であまりに壮大なレヴューに取り組もうとしていないかを，指導教員が判断できるものでなければならない。文献レヴューの方向を表明できるだけの予備的な考えはもっているにしても，どのようなレヴューになるのか最初からわかっているとあなたに期待するのは，無理な話だろう。

　指導教員は，研究案の提出に加えて付加的事項を要求するかもしれない。そしてこの章の見本研究案に記載されていることに加えて，さらに詳細について尋ねるかもしれない。この見本研究案で学生たちは，その研究をなぜしようと

思ったのか，なぜそのトピクが研究する価値があるのかについて，指導教員の質問に答えている。そのような質問の目的は，(a) 計画を系統立てるように促す，(b) 本当に関心をもっているトピックを選ぶように，あなたを励ます，そして，(c) 研究案があなた自身の考えであることを確認することである。本書の後半で，この3番目の点についてさらに詳しく述べるが，きわめて重要なことは，その研究がほかの人たちによる以前の研究に基礎をおいており，追試実験であるとしても，それがあなた自身の研究である，ということである。

　事実，追試可能であることは，信頼できる科学的知識の基本的な基準とみなされている。というのは，それによっていろいろな理論，仮説，そして観察などの意義と限界が明確になり，拡張されて，科学の発見過程が継続されるからである。かつて誰だったかが，科学者を，それまで試みられなかった鍵でドアの鍵を開けようとする人にたとえている。言ってみれば，追試実験の役割は，その鍵が，ある特定の別の状況でもうまくいくかどうかを確かめて，その"鍵"をほかの人たちも利用できるようにすることである。これは，単に同じような p 値を再生産することを意味するのではない。そうではなくて，それは同じような関係あるいは現象を観察することを意味するのである。あなたがジョギングに出かけ，2人の火星人，火星人に変装した2人の人間ではなく，緑色の皮膚をし，頭から触覚を突きだし，その他もろもろの特徴をもったほんものの火星人を見かけたと想像してほしい。あなたはコンピュータを立ち上げたり計算機を取り出して有意性を計算したりはせず，まず，すぐ近くにいる人に聞くに違いない。「あれが見えますか。」

　追試実験は，院生の論文や授業のプロジェクトの基礎になることがある。しかしながら，学生は，普通は1つ新しい仮説や別の新しい側面を付け加えるなどして，そのデザインに何か創造的な部分を加えることが期待されている。たとえば，あなたが追試実験しようとしている研究が，独立変数に2つの水準を使っていたとするなら，3水準ないし4水準で実験して，その独立変数と従属変数との間に直線的関係があるか，あるいは曲線的関係があるかを確認するなどである。もしこの独立変数と従属変数との間の関係を変えると思われる介在変数が考えられるなら，その考えを巡って追試実験をデザインすることもできるだろう。あるいは，原実験の結果が1つ以上の測度に一般化できるかどうかを調べるために，独立変数の別の測度を選ぶこともできる。もちろん，自分自身の新しい側面を追加するときにも，原研究を（できるだけ近く）追試するよ

うに，研究をデザインする必要がある。そうしないと，あなたの結果と以前の結果との間の何らかの食い違いを説明しなければならないとき，論理的に身動きがとれなくなってしまう。追試実験についての研究案を書く際には，結果をどのように比較しようとしているのか，そのプランを述べるのがよい。効果量（effect size）を量的に比較するのか，あるいは理論的にふさわしい特徴に対して質的分析を行うのか，それとも，両方を組み合わせるのか？

▶ 文献レヴュー案の例

　資料10は，文献レヴュー案で一般的に報告される情報の一例である。指導教員は何かほかの情報，あるいは違った体裁のものを要求するかもしれないが，この例から，少なくとも，レヴュー論文案にふつう含まれるものがわかるだろう。ジョンの考えがだしぬけに出てきたものでないことは確かである。彼は，予備的なフィードバックを得るために，この文献レヴュー案の原稿を作る前段階から指導教員と面談した。彼は指導教員の講義から最初のアイディアを得て，すぐ後で，適切な文献を探し始めた。ジョンがこの文献レヴュー案の中で述べ，定義している"多重的見方"は，彼がどうやってこの研究にアプローチしたいかについての，彼自身の考えである。彼はかなりの予備的な文献リストを持っているが，文献探索に「とりかかるために」，PsycINFOと，ほかの関連データベースを使うつもりであることを書いている。ジョンも指導教員もこのトピックに関心をもっていることは，指導教員が述べた"追跡研究"をたどるうえで大きな強みである。

　この文献レヴュー案の形式に関して，ジョンの名前が各ページ番号の隣にタイプされていることに注意してほしい。このように氏名を明示しておけば，もしどのページかが偶然はずれたときの安全の工夫として役立つ。指導教員によっては，付録Bの最後のレヴュー論文のように，ヘッダー（タイトルからとった数語）を入れるのを好む人もいる。ジョンは自分のe-mailアドレスほかのコンタクト情報を示し，指導教員がジョンと容易にコミュニケーションできるようにしている。タイトルは**仮題**（working title）と呼ばれるが，それは後で変えられるかもしれないものであり，この時点の全体的な見方を与えるものにすぎないということを意味している。ジョンの提案の意図あるいは目標と，情報検索のプランについて述べた後，この文献レヴュー案はAPAスタイルに合わせた予備的文献リストで締めくくられている。この文献レヴュー案は，ジ

資料10　文献レヴューの研究案の例

ジョン・スミス　1

文献レヴューの研究案（心理学222）
ジョン・スミス（e-mailアドレスあるいはその他の連絡先）
（提出日）

文献レヴューの仮題

2つの一般的な理論的知能観の比較

レヴュー案の目的

　知能についてのスクレダー博士の講義で，博士は対人的洞察力に関する研究を行ったことがあり，その研究は，H. ガードナーの研究によって刺激されたものであったことを述べた。私はガードナーの研究を読み始めていたが，私の当初の理解は，ガードナーの理論は，知能についての伝統的見方とはかなり異なるそれに属するということであった。伝統的知能観では，知能およびIQの標準的なすべての測度において，共通の因子（g因子と呼ばれる）が存在するというものである。しかしながら，新しい知能観では，同じ文化内においても多くの多様な知能があるという立場，つまり私が試験的に**多重的知能観**と呼びたいと考えている見方をとるのである。この多重的知能観は多くの研究者によって支持されているが，私はガードナーの研究についての文献レヴューに焦点を当てるつもりである。そしてそれを伝統的なg中心の見方と対照したい。私は知能についてのこのような2つの一般的知能観と，それぞれの意義と限界についてさらに理解を深めたい。

文献探索の方略

　私は文献探索を始めるに当たって，PsycINFOを使用するつもりであるが，ERICやInfoTracといった，他の関連データ・ベースも使用したいと考えている。私が読むべき文献のほとんどは，ガードナーの著書に集中すると予想している。そして彼は明らかにたくさんの著書を書いているが，時間の制約から，ガードナーの著書数冊しか読むことができないと思われる。しかし多重的知能観に関するほかの2人の著名な研究者，R. スタンバーグとS. セシの研究も読みたいと考えている。指導教員はこの領域の研究をしていたこともあり，私は彼女とほかの可能な文献についても協議するつもりである。たとえば，指導教員は，彼女自身が以前行った経営上の対人的洞察力に関する知見を拡張するような研究がその後行われてきていると話しており，私はその追跡研究にも目を通して，少なくとも，現在および将来の研究動向についての私の議論の文脈の中で引用するつもりである。

　私はすでにテキストブックへの引用の予備的探索とジャーナル論文の精読を行っている。そしてこれらの研究に基づいて，知能について"分かっていることと，分かっていないこと"に関するAPAの特別委員会によるある論文を見出した（Neisser et al. 1996）。私はまた，大学の図書館でガードナーの何冊かの本を見つけたが（Gardner, 1983, 1991, 1993），これらの本が出版された以降も，彼

資料10　文献レヴューの研究案の例（つづき）

ジョン・スミス　2

はさらに著作を重ねていることも知ることができた。セシ（Ceci, 1990）やスタンバーグ（Sternberg, 1990 ; Sternberg & Detterman,1986; Sternberg & Thurston,1941）による何冊かの著書が見つかった。また図書館員がほこりをかぶった古書の中から見つけてくれたサーストンの2冊の古典（Thurston,1938; Thurston & Thurston,1941）も見つかった。偶然にも、図書館員が関連ある図書として薦めてくれたもう1冊の著書は現在借り出されていたが（私は、それを請求中）、それはヘルンステインとマレイの『ベルカーブ』（Herrnstein and Murray, 1994）である。これらの文献とスクレダー博士の研究論文（Rosnow, Skleder, Jaegar, & Rind, 1994）は、予備的文献のリストに記載されている。

予備的文献リスト

Ceci, S. J. (1990). *On intelligence ... more or less: A bioecological treatise on intellectual development.* Englewood Cliffs, NJ: Prentice Hall.

Gardner, H. (1983). *Frames of mind: The theory of multiple intelligences.* New York: Basic Books.

Gardner, H. (1991). *The unschooled mind: How children think and how schools should teach.* New York: Basic Books.

Gardner, H. (1993). *Multiple intelligences: The theory in practice.* New York: Basic Books.

Herrnstein, R. J., & Murray, C. (1994). *The bell curve: Intelligence and class structure in American life.* New York: Free Press.

Neisser, U., Boodoo, G., Bouchard, T. J., Jr., Boykin, A. W., Brody, N., Ceci, S. J., Halpern, D. F., Loehlin, J. C., Perloff, R., Sternberg, R. J., & Urbina, S. (1996). Intelligence: Knowns and unknowns. *American Psychologist, 51,* 77-101.

Rosnow, R. L., Skleder, A. A., Jaeger, M. E., & Rind, B. (1994). Intelligence and the epistemics of interpersonal acumen: Testing some implications of Gardner's theory. *Intelligence, 19,* 93-116.

Sternberg, R. J. (1990). *Metaphors of mind: A new theory of human intelligence.* New York: Cambridge University Press.

Sternberg, R. J., & Detterman, D. K. (Eds.). (1986). *What is intelligene? Contemporary viewpoints on its nature and definition.* Norwood, NJ: Abex.

Sternberg, R. J., & Wagner, R. K. (Eds.) (1986). Practical intelligence: *Nature and origins of competence in the everyday world.* New York: Cambridge University Press.

Thurstone, L. L. (1938). *Primary mental abilities.* Chicago: University of Chicago Press.

Thurston, L. L., & Thurston, T. G. (1941). *Factorial studies of intelligence.* (Psychometric Society Psychometric Monographs No.2). Chicago: University of Chicago Press.

ョンがすでにこの研究にたくさんの努力を傾注してしていることが，はっきりとわかるように書かれている。

■ 研究レポートの研究案の例

　資料11は，研究案の一例である。ジェーンは，どのようにして自分のアイディアを着想したか，そしてどんな予備的研究を行ったかといった点から書き起こしている。特に印象的なのは，指導教員の一応の承認を得た後で，彼女はこの研究を実行できそうなレストランを探し出したことである。彼女はすでにこのレストランのオーナーと従業員に自分の研究案について話し，指導教員に提示するために承諾書をもらっていた。したがって，ジェーンは研究案が正式に承認されれば，すぐ研究に着手できる。ジェーンの仮説と予測の議論は正確であり，彼女がすでにたくさんの研究をしていたことを示している。ジェーンの事前準備が徹底的であればあるほど，指導教員のコメントはいっそうジェーンを目標へと導くことに焦点づけられたものになる。もし質問紙を作る計画があるなら，研究案にその予備的な質問項目案を含めれば，指導教員はそのことについてのフィードバックをすることができる。

　ジェーンは結果をどのように分析するかについての方向性は示しているが，まだ"仮説を検定するための特定のデータ分析を決めていない"と述べている。しかしながら，従属変数をどのように定義するかについては明確に述べており，予測を検証するためにどのようなデータ分析を用いるべきかについて理解していることが述べられている。この研究の倫理的側面について論じた後で，ジェーンはこの研究案で引用した研究の文献をすべてリストしている。この研究案の詳細さのレベルから，ジェーンが指導教員と一度ならず相談していることはもちろん，すでにかなりの時間をかけていることがわかる。

■ 倫理的配慮

　倫理についてのジェーンの議論は短いが，研究案によっては，もっと詳細な倫理的議論が求められるだろう。ジェーンの場合も，"軽いだまし"をすることについて，より強い理論的根拠を述べるか，あるいは，ほかのしかるべき情報を与えるよう求められるかもしれない。詳細な議論を要求する理由は，研究のどのような側面にも倫理的責任が重要だからである。倫理的責任の絶対的要

資料11　研究レポートの研究案の例

ジェーン・ドゥ　1

研究案（心理学333）
ジェーン・ドゥ（e-mail address あるいは他の連絡先）
（提出日）

研究案の仮題
　レストランのチップにおける小さな贈り物の効果に関する実験的研究
この研究の目的
　講義の中で，リンド博士はチップを出す行動についてのフィールド実験をしたことを話された（Rind & Bordia, 1995, 1996）。私はこの研究に理論的にだけでなく，夏休みにウエイトレスとして働いていたことからも関心をもった。リンド博士はまた，リン（Lynn, 1996）の研究についても触れ，その中に出てきた従業員が客にチップをはずませるために使えるテクニックに，私はさらに関心を抱くようになった。リンによって紹介されているこれらのテクニックの多くは，従業員の親切さ（たとえば，親切に接客するとか，会計伝票にニッコリマークを描きそえるとか）についての客の印象を良くすることに関わっているように思われた。私は以下に示すように，これとは別のテクニックを試す実験を提案する。最初に私の指導教員とこのアイディアについて予備的な議論を行ったところ，実験の実施に向けて作業を進めることを認められたので，知り合いのレストランのオーナーをたずね，実験を行う許可をお願いした。その実験とは，レストランの従業員が客にちょっとした贈り物（チョコレート・キャンディ）を進呈するというものである。この研究の目的は，ここに記したようなテクニックが，客がチップの額をはずむ行動につながるかどうかを調べることである。このテクニックは，すべて会計伝票が出されたときの従業員と客との間の相互作用に依存している。とくに伝票が出されたときに，従業員がちょっとした贈り物（キャンディ）をするときの相互作用に依存している。同封の書類は，このレストランのオーナーとこの研究に参加予定の従業員から受け取った同意書である。
仮説と予測
　私はまたリーガン（Regan, 1971）の論文を既に読んでいて，互恵性（たとえば，好意に対してお返しをしなくてはと感じること）が，私が提案したテクニックの効果をより高めることにつながるかどうかに関心をもつようになった。具体的には，従業員に何気ないふうにして，「キャンディをもう一ついかがですか」と言わせることで，この条件を操作することを提案する。このようにすることで，キャンディの好意が，従業員の気前の良さ（レストランのサービスではなく）に帰される印象をつくり出せるはずである。私の仮説は，このような条件における客は，チップをはずむことで従業員の好意に報いようとするだろう，というものである。
　以上要するに，従業員がキャンディを出すことが，客に親切さの意思表示と受け取られるという仮定に立って，3つの仮説を提案する。最初の仮説は，単

資料11　研究レポートの研究案の例（つづき）

ジェーン・ドゥ　2

にキャンディを出すことが，何も贈り物を出さない統制条件と比べて，チップを増やすであろう，というものである。第2は，この効果は累積されるので，差し出すキャンディを2つにすることが，（統制条件と比べて）さらに多くのチップを出す刺激となるだろうというものである。第3に，リーガンの互恵性の説明から，従業員が気前のよい人であるという印象を（親切さとともに）つくり出ことで，最大のチップを引き出すというものである。

実験方法案

　実験がおこなわれるレストランは，ニュー・ジャージーの中心部にある高級イタリアン・アメリカン・レストランである。私はそのオーナーの許可を得ており，また女性の従業員に実験の趣旨を説明して，彼女も参加することに同意している。私は次の4つの実験条件でランダム化デザインを使う提案をする。(a)キャンディ無し条件，(b)キャンディ1個条件，(c)キャンディ2個条件，(d)1+1条件。1枚のカードにつき1つこの条件を書いて，カードをシャッフルしておき，従業員が1回につき1枚のカードを（見ないで）引いてもらう。統制条件では，キャンディを与えないで，会計伝票を渡すように教示する。1個条件では，会計伝票を渡す際に，テーブルについている客の一人一人に，それぞれ1個のキャンディを渡すように教示する。2個条件では，会計伝票を渡すときに，それぞれの客に2個のキャンディを選んでもらって渡す，というのである。1+1条件では，それぞれの客に1個のキャンディを出すが，それから，あたかもその場で思いついたように，「どうぞ，もう1ついかがですか」と声をかけるように教示する。

　食事をする客と従業員とのやりとりは，客の注文を受け，食べ物を出し，会計伝票を渡し，それに続いてランダムに選ばれたカードに基づく教示に従うことに限られる。食事客が席を去るとき，従業員はその客への条件が書かれたカードに，こっそりと，(a)その席の客が置いていったチップの総額，(b)税抜きの会計伝票の金額，(c)客の人数，を記入する。各条件における客の組数は20になるようにする。この処置は，各条件に配置されるケース数をそろえるためである。これは全体のサンプル数（N）が等しくても，各グループのnが等しくなければそれだけ，nが等しいときに比べて統計の検定力が低くなるからである。$N=80$としたが，このくらいの数があれば，条件間の比較にt検定を用いて，中程度の効果量（rが約.3）を検出できるだけの統計検定力を満たすと仮定した。もっとも，予測した効果の大きさについての経験に基づいた考えはもちあわせていないので，この総計Nは推測であるが，この研究を実行するための限られた時間を考えれば，合理的な数字であると望んでいる。しかしながらその後，効果量の評価のために，コーエン（Cohen, 1992）の方法を使う計画である。

データ分析案

　従属変数は，チップのパーセンテージ，すなわちチップの額を会計伝票の金額（税抜き）で割った値に100を掛けた値である。私は基礎的な記述データ（平

均と分散）を吟味することから始めるが，仮説を検定するための特定のデータ分析を決めていない。教科書によれば，分析のやり方にはいくつかの可能性があるからである。1つの可能性は，統制群と各実験群とを比較するために，t 検定を実行することである。そこで効果量（r）は，統制条件と1＋1条件との間で最大であり，統制群と1個条件との間では最小であるだろう予測する。リンド博士との最初の面談で，彼は私の予測全体をテストする別の可能性を提案した。それは線形対比における F 値を計算することである。私はこのアプローチに取り組む前に，さらに文献を調べる必要があるが，しかし4条件すべてに関して対比分析を行うことで，統制条件から1個条件，2個条件，1＋1個条件の順にチップの額が増加するとの予測の評価ができると考えられる。

倫理的配慮

この研究は，客が実験に参加していることに気づいていないので，軽いだましを含んでいる。危険なことは何もないので，客にデブリーフィングをおこなうつもりはない。食事をしている客たちに「実験に参加すること」に同意するかどうかを聞くことはできない。それはこの実験的操作の信頼性を損ない，また結果を科学的に意味のないものにしてしまうからである。従業員とオーナーには，結果の詳しい内容を報告する。チップのすべては，従業員の収入となる。

予備的文献リスト

Cohen, J.（1992）. A power primer. *Psychological Bulletin, 112*, 155-159.

Lynn, M.（1996）. Seven ways to increase servers' tips. *Cornell Hotel and Restaurant Administration Quarterly, 37*（3）, 24-29.

Regan, D. T.（1971）. Effects of a favor and linking on compliance. *Journal of Experimental Social Psychology, 7*, 627-639.

Rind, B., & Bordia, P.（1995）. Effect of server's "thank you" and personalization on restaurant tipping. *Journal of Applied Social Psychology, 25*, 745-751.

Rind, B., & Bordia, P.（1996）. Effect of restaurant tipping of male and female servers drawing a happy, smiling face on the backs of customers' checks. *Journal of Applied Social Psychology, 26*, 218-225.

件は，(a) あなた，つまり研究者は，被験者たちの尊厳，プライバシー，安全を守ること，(b) あなたの研究が，技術的に健全であること（したがって，被験者たちの時間と努力を含めて，貴重な資源が浪費されることのないこと），そして，(c) あなたの研究が，社会に対して損失を与えるものでないこと，である。

ここに，研究案の倫理について考えておくべき，いくつかの具体的な問題点をあげよう。

- ◆ 被験者に何らかの心理的・身体的リスクがあり得るか。これらのリスクを避けるためのプランがあるか。
- ◆ 何らかのだましを使用するか。もし使用するなら，それは本当に必要か。だましを避ける方法はないか。
- ◆ 被験者たちに，どのようにして情報を開示するか。もし本当にだましを使う必要があるのであれば，だまされた被験者たちをどのようにして"だましから開放する"か。だましを解く手続きが効果的であると，どのようにして確かめるのか。
- ◆ 被験者たちをどのようにして集めるか。被験者の募集手続きが，確実に強制的なものでないといえるか。
- ◆ インフォームド・コンセントを使う計画はどうなっているか。また被験者たちは，何時でも罰を受けることなくやめられることを，確実に理解しているか。
- ◆ どんな手段で，データの秘密を保証しようとしているのか。

◤ 光陰矢のごとし

要求された論文を書いているとき，時間は飛ぶように過ぎてゆく。最後にここで，2つアドバイスしておこう。

- ◆ 研究案を締め切りまでに提出すること。指導教員も忙しい人たちであり，彼らにも（あなたと同じように）自分たちの研究のスケジュールがある。研究案の提出が締め切りに遅れるということは，指導教員に悪いメッセージを送ることになる。締め切りを過ぎて提出すれば，あなたに責任があり，信頼でき，明確に考えることのできる人間であると伝えるかわり

に，あなたがそのいずれでもなさそうだということを伝えることになる。
◆ 正確であること。ルイス・キャロルの『鏡の中のアリス』(『不思議の国のアリス』)の中で，アリスはハンプティ・ダンプティと出くわす。彼は，アリスにはちんぷんかんぷんのやり方でことばを使う。彼は馬鹿にしたように微笑んで言う。「もちろん，あんたにはわからないさ，私が言うまではね……**ぼく**がことばを使うときは，ぼくが選んだ意味を意味するんだ――それ以上でもそれ以下でもないのさ。」ハンプティ・ダンプティと違って，あなたは指導教員に，「受け取るも受け取らないもご自由に」と言える立場にはない。さらに，最初から正確なものにしようと努力しなかったならば，研究案を再提出しようにも時間がないことになるだろう。

第4章
研究レポートのプランを立てる

　心理学における研究レポートの基本的構成と形式は，長年にわたって発展してきたものである。本章では，付録Aの見本レポートにもとづきながら，この構成について述べる。これに慣れれば，自分の考えを構成し，草稿を計画することができるようになるだろう（もしレヴュー論文を書くのであれば，本章を飛ばし，第5章に進んでよい）。

◼ 大きく分けると，3つの研究アプローチがある

　研究法のテキストには，決まって，データの収集とデータの分析について書かれている。あなたはこれらの技法をマスターしつつあることだろう（第6章で，統計的情報の書き方について詳しく述べる）。基本的に不変なのは，(a) あなたは何をしたのか，(b) なぜそれをしたのか，(c) 何を見出したのか，(d) あなたの見出したものは，何を意味するのか，そして，(e) どのような結論を出したのか，について明瞭なことばで説明する研究レポートを生み出すことである。研究法のテキストでは，ふつう，実験室実験，標本調査，ケース・スタディ，そして文献アプローチのような研究方略の種類が，明確に区別されている。付録Aにおけるジェーン・ドゥの研究レポートは，もう1つの方略，つまりフィールドにおける実験の例である。このような明瞭な差異に加えて，研究アプローチはまた，大きく3つに区別することができる。記述的，関係的，実験的アプローチである。これらのそれぞれは，それ自身の目的をもっており，それは上に述べた5つの質問に対する答えに反映される。

　人間の心理学における記述的アプローチの一般的目的は，どのように人びとが感じ，考え，あるいは行動するかについての一側面を，精密に描き出すことである。一例をあげれば，教育心理学の学生が，ある特定の学校において落後

する生徒の行動を記述する場合である。この学生の実証的知見についてのレポートには，彼女（そしてほかの人たち）がクラスを見学し，観察し，このような生徒たちの行動をどのように記録したかが書かれるだろう。この学生は理論的考えを提案したり，あるいはさらに研究するための考えについて議論したりするかもしれないが，しかし彼女の研究レポートの基本的な焦点は，彼女が観察したもの，測定したもの，そして結論したものを，できるだけ注意深く書き留めることにある。

しかしながら，遅かれ早かれ，行動として生じたものが**どのように**ほかの変数に関係しているかを知りたいと思うだろう。このどのようにということを調べるのが関係的アプローチの目的であり，それはある変数と変数がどのように関係しているか，あるいは関心のある行動が，一定の出来事にどのように相関しているかを吟味することである。一例をあげれば，学校で失敗する子どもたちが，(a) どのくらい学習していたか，と (b) 先生が，子どもたちを学習されるべき教材にどれだけの時間向き合わせたかの間の関連を調べることがあげられる。この研究レポートは，(b) と (a) の関係，つまり学習されるべき教材に子どもたちが向きあった時間と，子どもたちが学習した教材の量との間の関係を吟味することになるだろう。研究者は，単に (a) と (b) が有意に関係している（つまり，もしこの研究が繰り返されるならば，長期にわたって，このゼロでない関係が一貫して現れる）ことを指摘するだけではなく，この関係の形（たとえば，線形か非線形か，プラスの関係かマイナスの関係か），関係の大きさ，そして効果量なども指摘するだろう。

大きく分けたときの第3のタイプ，実験的アプローチは，決定要因あるいは原因（すなわち，なぜものごとがそのようであるのか，何が何を引き起こすのか）を確認することに一層の焦点が置かれている。関係的研究では，非常に特別な条件のもとで以外には，そのような洞察はほとんど得られない。"因果関係"については，後の章でもっと詳しく述べるが，関係研究レポートを書くときには，因果関係——つまり，(a) が (b) の**原因である**——を意味することばを使うべきではない。生物医学的研究におけるランダム化された薬物試験は，実験的アプローチの一例である。付録Aの，ジェーン・ドゥのチップ行動の研究（会食パーティで，4条件に振り分けるのにランダム化法を用いている）もそうである。科学者の中には，**実験**ということばを，単に"テストする"または"試みる"という意味で使用する人もいる。たとえばガリレオは，異なる重さの物体をピサの斜塔から落として，それらの物体が同じ時間で地面に着く

だろうという仮説をテストしようとしたが，そういうテストも実験であるとするのである。心理学においては，行動主義者の"単一事例実験"の例があるが，これはたとえば，教師によって適切な行動技法がほどこされたとき，ある1人の子どもの失敗行動がどのようにして消失したかの研究報告である。

▶ 基本的構成

レポートが記述的研究，関係的研究，あるいは実験的研究のいずれについてであれ，良く書かれた論文というものは，考え方が論理的に展開されているということを意味する。本章の残りの部分に書かれている構成にしっかりと従えば，あなたが書き上げる論文を，そういう整然としたものにすることができる。もちろん，研究の性質のため，この基本的構成からはずれる必要があることもあるだろう。たとえば，もし1つ以上の研究についてレポートするのであれば，それらを1つの方法部門や結論部門で一緒に論じるよりも，各研究について分けて順に議論する方が望ましいと思うかもしれない。授業課題で学生たちが実際に1つ以上の研究を行う時間をもっていることは，ほとんどない。しかし大事な点は，この基本的構成が絶対不変のものではないということである。もしそこからはずれる必要を感じるのであれば，前もって指導教員と相談すること。

心理学におけるほとんどの研究レポートの基本的構成は，ジェーンのレポートに例示されているように，次の8つの部分から成り立っている。

　　タイトルページ
　　要約
　　問題
　　方法
　　結果
　　考察
　　文献
　　資料（表と付録）

ジェーンの論文におけるタイトルページのレイアウトと付録の追加を除けば，彼女の場合の構成は，多年にわたって発展してきた標準的レポート作成の形式に合致している。そしてこの形式はまた，心理学の学術雑誌で論文を読むとき

に見る典型でもある。以下，論文のレイアウトについて述べるが，見てわかるように，タイトルページは一目瞭然なので，残りの部分に焦点を当てることにしたい。

▲ 要　約

〈要約〉（あるいは梗概，大要）は，レポートの初めに置かれるが，実際には，その論文が完成した後で書かれる。要約は，レポートの簡潔なまとめである。それはレポートの本文に書かれている重要な点を簡潔な一節に蒸留したものと考えられる。見本の研究レポートでは，ジェーンは自分の行ったこと，発見したこと，そして結論したことをまとめている。

要約をするとき，以下の問題にできるだけ簡潔に答えてみるとよい。

- ◆ 自分の研究の目的あるいは意図は何であったか。
- ◆ 主要な方法として何を使ったか。
- ◆ 主要な発見は何であったか。
- ◆ これらの発見から，どのような結論を出したか。

方法，結果そして結論に関するさらに詳細な説明は，レポートの本文に書かれる。要約が最初に置かれるのは，読者に，そのレポートが何に関するものであるか，前もって知らせるためである。

▲ 問　題

〈問題〉は，研究の理論的根拠を与え，読者が選択した方法について準備するために書かれる。ここで，研究トピックについての簡単な歴史と背景を述べ，あなたの仮説ないし問題へと誘う。つまり，研究の目的と意図，そして何を予測したかを説明するために，証拠に基づいた議論を行うのである。「X（1992）は勉強時間の効果を報告したが，この実験はY（1992）によって方法論的に欠点があるとして批判された」のように書き出すのは，よい証拠に基づいた記述とはいえない。その理由は，研究者Xによって報告された効果について適切に述べていないし，また研究者Yによって指摘された方法論的欠点を特定してもいないからである。また，関連が明確でないいろいろな論文の要約だけをず

らずらと並べるのも，受け入れがたい。というのは，何を引用しているのか，またそれが特定の立場をどのように支持するのかについての，あなたの理解を示す必要があるからである。

ジェーンは書き出しの段落の中で，人口統計学の知見をあげ，自分のトピックの重要性にとってもつ意味を示している。このようにして，彼女は自分の研究の価値と仮説の論理的根拠を支える，証拠に基づく議論を展開している。それに続くいくつかの段落では，最初の段落を受けている。ジェーンは彼女が引用している研究において見出されたことを，簡潔に，しかし適切な詳細さで書いている。学生によっては，引用した研究の著者たちが主張している結論をただ述べるだけで，これらの主張を支持するのに研究者たちが用いた証拠について書かないことがある。しかしジェーンは，自分の3つの仮説へと巧みにつなげている。彼女は何一つ説明もなしに当然とはみなさず，各仮説の背後にある根拠を一歩一歩読者に示している。

文献レヴューもまた，あなた自身の仮説あるいは研究上の疑問がどのようにして生まれたのかについて述べ，それを研究する価値があると思った理由（諸理由）を示すべきである。強力な〈問題〉セクションというのは，研究の問題や仮説が，方法のところで述べられていることがその主張からして当然であると思われるように書かれている。後で読者が方法の部分をみて，「そうだ，もちろん，それが研究者がこの問題に答えるためになさなければならないことだ」と思ったならば，強力な〈問題〉を書くことに成功したと言える。〈問題〉を書くにあたって自問すべき点をいくつか，ここにあげておく。

- ◆ 自分の研究の目的は何であったか。
- ◆ どの用語を，定義する必要があるか。
- ◆ 自分の研究がどのようにほかの諸研究の上に築き上げられているか，あるいはほかの諸研究から引き出されているか。
- ◆ 自分の仮説，予測，あるいは期待は何であったか。

方　法

次のステップは，使われた方法と手続きについて詳しく述べることである。研究参加者の年齢，性別などを記述すべきである。参加者の人数，それらの人をどのように選んだのか，あるいは募集したのかもまた明らかにすべきである。

心理学者というのは，結果の一般化可能性について問うよう訓練されている。指導教員は，人と場面の両方から，あなたの知見の一般化可能性を考えるだろう（その研究の**外部妥当性**と言われる）。もし被験者が大学生であるなら，結果がこの特定の母集団を超えてどのように一般化されうるかを考えなさい（そしてレポートの後半で，これらの考えについて考察しなさい）。

このセクションにはまた，そこで使用されたテスト，尺度，そしてそれらが用いられた文脈についての記述を含めるべきである。たとえよく知られている標準化されたテストを使ったとしても，たとえ短くても，それらについて触れておくのがよい。これらについて記述することにより，指導教員には，あなたが使用した測定道具の性質と目的を理解しているということがわかる。

たとえば，心理学者スナイダーによって開発された"自己モニター尺度"（M. Snyder, *Journal of Personality and Social Psychology*, 1974, vol.30, pp.526-537 を参照）を使ったとしよう。文献探索から，研究によりこの尺度が3次元であることが示されていることがわかった（"An Analysis of the Self-Monitoring Scale", by S. R. Briggs, J. M. Cheek, and A. H. Buss, *Journal of Personality and Social Psychology*, 1980, vol.38, pp.697-686 参照）。レポートでは，たとえば次のように述べる。

> この研究の参加者たちは，Snyder（1974）の25項目の自己モニタリング尺度を実施された。この質問紙の最初の目的は，自己コントロールと自己観察を測定することであった。しかし Briggs, Cheek, and Buss（1980）は，この尺度は，実際には彼らのいうところの外向性，他者志向，演技の3つの異なる要因を測定していることを見出した。**外向性**は，集団の中で注目される中心になろうとする傾向に関係し，**他者志向**は，自らの行動をほかの人に進んで合わせようとすることであり，**演技**は会話やもてなしにおいて，それを好み，また楽しんでいるように振る舞うことである。

しかしながら，もしある特定の尺度の性質だけをレポートすればよく，ほかの研究者たちによる追跡研究については必要ないとしよう。たとえば，社会心理学者，カシオポとペティ（J. T. Cacioppo and R. E. Petty, "The Need for Cognition", *Journal of Personality and Social Psychology*, 1982, vol.42, pp.116-131 参照）によって作られた"認知への欲求尺度"を使用したとしよう。

この測定を簡潔に次のように書くことができる。

> 参加者たちに，Cacioppo and Petty（1982）の「認知への欲求」尺度が実施された。これは思考に没頭し，それを楽しむ傾向についての18項目からなる尺度である。

もしこの測定道具の信頼性と妥当性について何か知っていれば，その情報についても述べるが（適切な引用とともに），しかし具体的に述べること。単に「信頼性は，$r=.50$ であった」とだけ述べ，同時にそれが**再テスト信頼性**（同一の集団に時間間隔をおいて2回測定したときの，その尺度の安定性）なのか，**代替形式の信頼性**（項目は異なるが同一の特性を測定すると見なせる代替形式の尺度との等価性の程度）なのか，あるいは**内的一貫性の信頼性**（尺度の個々の項目あるいは構成要素間の反応の一貫性の程度）なのかに触れないならば，漠然としすぎている。同じことが，妥当性の所見にも当てはまる。資料12に書かれている，どの妥当性なのかを述べるようにする。

資料12　研究と評価における妥当性ということばの使われ方

構成概念妥当性：測定されたり調べられたりする概念的変数（あるいは構成概念）が，主張されている仮説や概念とどの程度関係しているかということ。

内容的妥当性：あるテストの質問項目が，そのテストが測定しようとしている一連の状況や内容を適切にサンプリングしているかということ。

基準妥当性：ある測定尺度が，外部の基準変量とどの程度の相関を示すか（**並存的妥当性**），またはその基準変量をどの程度予測するか（**予測的妥当性**）ということ。

生態学的妥当性：被験者や刺激のサンプリングに関して実験研究計画が適切になされているかということ。

外部妥当性：ある研究から推測された因果関係が，異なる人びとや状況，実験的操作，研究結果に対してどの程度一般化できるかということ。

表面的妥当性：あるテストの測定尺度が，そのテストの測定対象をみかけ上どの程度うまく測定しているように見えるかということ。

内部妥当性：一つの変数がある特定の結果にどの程度関与しているか（すなわち原因であるか）ということ。

統計的結論の妥当性：統計的有意性検定や効果量の推定などについて，統計的結論を正確に導き出せているかということ。

◤ 結　果

　次の主要なセクションである〈結果〉で，自分の発見したことを書く。ジェーンのレポートの場合のように，結果を表や棒グラフ，その他の視覚的表現で示す場合もあるだろう。その意図を読者が考えなければならないようであってはいけない。図表にはしっかりとタイトルをつけ，結果が何を表しているかが明らかになるように，本文の中でデータについて論じるようにする。本文では図表の個別の結果をいちいち反復する必要は必ずしもなく，簡潔に結果が何を意味するかを述べればよい（視覚的表示の使用法については，第6章でさらに詳しく述べる）。

　結果のセクションを構成する際には，次の問いに答えてみるようにしよう。

- ◆ 何を見出したのか。
- ◆ 見出したことを，どのように注意深く，詳しく述べることができるか。
- ◆ 言わんとしていることが，正確か，そして的を射ているか。
- ◆ 述べていることが，読者にとって明確か。
- ◆ 何か重要なことが，もれていないか。

　統計の詳細を報告するときの正確さに関しては第6章で詳しく述べるが，多くの学生が尋ねる問題は，統計的検定（たとえば t 検定，F 検定，χ 二乗検定），効果量，代表値（平均値，メディアンなど），散布度（標準偏差と分散）などを述べるのに，どれほど正確であるべきかである。大まかな目安は，ジェーンのレポートの結果の部分に示されているように，これらの統計量を，小数点以下2桁にまるめることである。しかし結果を計算するとき，中間の計算では小数点以下の桁をまるめないのが基本である（ジェーンのレポートの付録に例示されている。そこに計算が示されている）。あなたがNASAの技師で，火星までの有人飛行を実行するのにどれだけの燃料を必要とするかの計算をしようとしている，と仮定しよう。もし桁をまるめて計算したなら，宇宙飛行士を完遂不可能なミッションに送り出すことになりかねない。

　多くの学生たちが困惑を感じるもう1つの慣習は，p 値の示し方である。多くの統計学者が，実際の有意水準の数値を記述することを勧めている。というのは，それが「有意な差異」や「5％水準で有意差がない」のような言い方よ

りも，多くの情報を保持しているからである。指導教員が，本文中で小数点以下2, 3桁以上の p 値を書いても眉をしかめないとするなら，いくつかの選択肢がある。その1つは，"$p=.00000025$"のように，少数点以下の0を並べることである。もう1つの選択肢（ジェーンが用いたやり方）は，非常に小さな p 値をもっとコンパクトに示すために，科学的記数法を使うことである。$p=.00000025$ と書く代わりに，2.5^{-7} と書く。-7 は，2.5の小数点を7桁左側にずらすことを示す。もちろん，p 値を統計表で調べた場合は，正確な値を述べられないだろう。その場合，唯一可能なのは，p が統計表の特定の欄の値よりも，より大きい（＞）とかより小さい（＜）とか述べることである。表中で相関や特定の統計的検定について述べるとき，APAのマニュアルは，確率値を示すのにアスタリスクを使うよう勧めている（ジェーンのTable 2 に例示されている）。

▶ 考　察

　研究レポートの〈考察〉セクションにおいては，集めた諸事実から緊密なまとまりを生み出すようにする。仮説をどのように述べたかに照らして，発見したことをどのように論じるかを考える。しかし同時に，なんらか突然に得られた洞察や予期していなかった概念などがあれば，それらについても書く。偶然の幸運な発見は，**セレンディピティ**（serendipity）と呼ばれる。これは，いつも幸運な発見をするセレンディプ（スリランカの古代の呼称）の3王子についてのおとぎ話に由来する。たとえば，ベルクロ（マジックテープ）の発明は，ある男がスイスの田舎を歩いてジャケットに付着した「おなもみ」[訳注：きく科の一年生草本。楕円形の果実は棘をもち，衣服につきやすい]を取っていたとき，それらがフックで覆われていて，ジャケットの繊維の環と絡み合っていることに気づいて，突然ひらめいたのだった。セレンディピティは，心を自由に開いていれば，日常生活で（また科学においても）まったく一般的に見られるものである。心を自由に開いておくことによって，物事を新しいしかたで知覚することができるようになるのである。

　先ほど，研究レポートの〈問題〉セクションでいろいろな研究をまとめるとき，証拠に基づいた議論をすべきことを述べた。考察部分で，もう1つの証拠に基づいた議論をすることになるが，しかし今度は大胆になりすぎないように，"防衛的に"書くようにする必要がある。自身が弱点を見つける人になり，疑

り深い読者が，あなたの論点あるいは結論の反対の側面として何を見るだろうかを，自分自身に問うてみよう。欠点や整合性に欠けているところがないだろうか。読者はどう反応するだろうか。どのような研究知見にも，なんらかの限界がある。しかしもし自分の議論や結論に何も欠点が見出せないなら，考察でどのように論じるつもりか，どう結論しようとしているのかを有能な友人に聞いてもらうとよい。ジェーンは彼女の研究の統計的検定力について防衛的に書いている。彼女は証拠に基づく議論を展開しながら，「.80という推奨レベルよりかなり低かった」，しかし標本サイズの選択の際，「研究が学期末までに実行され，分析され，報告されなければならないという制約があった」と述べている。

ここに，考察部分を構成しようとするときに考慮すべき問題点を，いくつか付け加えておこう。

◆ 研究の目的は何だったか。
◆ 結論は，その目的にどのように関係するか。
◆ 何か興味深いセレンディピティな発見があったか。
◆ 見出したことはどの程度妥当か，また一般化が可能か。
◆ これらの知見には，さらに大きな意義が含まれているか。
◆ 自分の結果を解釈するほかの方法はあるか。

もし自分の知見が実際的な有用性やより大きな意味をもつと信じるのであれば，考察はそのようなことを余すところなく述べる場所である。それはさらに研究する意義があるだろうか。ジェーンは，追試実験がメタ分析的に有意水準を合算することによって統計的検定力を改善するもう1つの方法であるという理解を指摘している。最後のセンテンスで，彼女はチャーミングに，個人的な挿話によって，自分の知見の実際的な意義をそれとなく述べている。研究者の中には，〈結論〉と呼ばれる別のセクションを加えるのを好む人もいる。これは研究者が考察におけるアイデアや議論とは分けて，さらに結論について吟味したい場合である。この付加的な部分は，もし言うべき結論が1つか2つであるなら，考察部分の最後のパラグラフで述べることができるから，必ずしも必要というわけではない。どちらの場合でも，結論は，明確に，正確に，そして精密に述べられるべきである。

▶ 文　献

　いったんレポート本体を書くプランができたなら，ここで今一度文献資料について考える必要がある。引用した情報源のすべてをアルファベット順に配列したリストを含める必要がある。そして〈文献〉セクションに，すべての論文，章，著書（個人的なコミュニケーションは除く）をリストするのが基本である。行きつ戻りつしなくてよいように，レポートを準備する早い段階から，文献に載せる一連の資料リストを作っていくのがよい。"文献"と名づけた別ファイルを作っておけば，それをコピーして論文の文献の部分に貼り付ければよい。もし最終段階で，特定の本の著者，タイトル，出版社の再点検が必要とわかったら，そのときは，図書館の自動検索目録を見ればよいことを想い出そう。

▶ 末尾の資料

　APAのマニュアルは，文献部分の後に表や図を載せるよう明文化している。それは，査読者や印刷所の便利のためである。多くの指導教員が学生がそれに従うのを好んでいるので，ジェーンのレポートもそうなっている。論文が公刊されるために提出されるのではないなら，指導教員は，表や図を文章中に挿入するのを認めるかもしれない。これは，標準的なワープロソフトを使えば，比較的やさしい。APAマニュアルは，本文の脚注は文献部分のすぐ後，図表の前に，別ページにして書くよう指定している。これも学術雑誌論文の印刷上の便宜のためである。すべての指導教員がこのフォーマットにこだわっているわけではないので，どのように処理したらよいか疑問があれば，指導教員に聞くとよい（ワープロソフトが，関連するページの下のところに脚注を自動的に挿入するが，それでかまわないか聞く）。

　たいていの指導教員は，ローデータと研究の計算を見たいと思うだろう。この情報は，レポートの末尾に付録として用意することもできるが（ジェーンのレポートがそうである），もし指導教員がその方を好むのであれば，別資料として一括してもよい。もしジェーンが方法セクションの限られたスペースには収まらないテストや質問紙を使っていたとすれば，レポートのこの付録部分にそれを含めただろう。もしデータ分析に統計プログラムを使ったのであれば，処理結果を要点に絞ってプリントし，論文の付録に含める。指導教員が付録を

要求するか否かにかかわらず（あるいは含めるべき項目に関する別のリストを明示するかどうかにかかわらず），指導教員がレポートを返却してくれ，そのコースの評価をもらうまで，研究ノートやローデータをすべて保存しておくことが重要である――万一指導教員があなたの研究に対して質問するかもしれないから，それに備えておくのである。

◣ 自分の考えを組織立てる

　次章では，レヴュー論文のアウトラインを作る方法について述べる。研究レポートの場合は，全体的なアウトラインを必要としない。というのは，その形式的な構成の骨組みはすでに用意されていて，肉付けすればよいようになっているからである。もっともそうはいっても，研究者なら誰でも，最初の草稿を書く前に，それぞれのセクションについて自分の考えを組織立てることが絶対に必要だと知っている。これを行うのに，次の3つの方法がある。

- ◆ もしアウトラインの描き方を学びたいのであれば，第5章に，研究の事前あるいは事後に，どのようにアウトラインを作るかに関してのガイドラインがある。
- ◆ 主要な要点ごとに別々のカードにノートして（たとえば，研究の理論的根拠，各仮説から派生すること，背景となる研究など），最初の草稿を書くときに，これらのノートの内容を参考にすることができる。
- ◆ そのようなノートのコンピュータ・ファイルを作ることもできる。

　考えを構成するのに難儀しているのであれば，テープレコーダーに自分の考えを吹き込んでみるのも1つの方法である。テープレコーダーを持って散歩に出て，研究で見出されたことを録音する。もう1つの方法は，テーブルを挟んで友だちと向き合って座っていると想像して，仮想の"友だち"に見出したことを話してみるのである。どのアプローチがいいと思うにせよ，ノートやファイルが正確で漏れがないようにする。もし読んだものを要約したり，言い換えたりするときには，その情報源についての全情報を記録する必要がある。他者の研究を引用する場合には，引用符をつけ，正確に写しとる必要がある。

第5章
レヴュー論文のアウトラインを描く

レヴュー論文の草稿を書き始めるとき，最初にすることは，大まかなアウトラインを作成することである。形式の枠があると，論文を書いていくときに自分の考えをまとめ，洗練するのに役立つし，考えがすこしでもまとまってくれば，さらに詳しいアウトラインを用意することができる。しかし，たとえ草稿を書き始める前にアウトラインを作らない場合でも，少なくともその後では，アウトラインを作る必要がある。もし論理的に秩序のある形式が浮かばないのであれば，その弱点を明らかにし，修正することになる。

▎どこから始めるか

　論文の構成がしっかりしていない，あるいは構成が欠けていることが，学生たちの文献研究やその他の課題論文における共通した欠点である。Xの研究についての段落があり，Yの研究についての段落が続き，さらにZによるもう1つの研究があるというのでは，ある指導教員が嘆いているように，「学生たちの文献レヴューは本当にまとまりがなくて，いろいろな研究のカタログを読んでいるようだ」ということになる。構成が貧弱であるということは，その学生が書き始める前に——あるいは論文を書いた後でさえも——アウトラインを作れなかったということを現している。大まかなアウトラインさえ持たずに書き始めるなら，原稿はどんどんとりとめのないものとなってしまう。そんな状態で書き進めるのは，タコと握手しようとするようなものである。
　これと対照的に，もし大まかであってもアウトラインをもっているなら，それは自分の考えや文章がどこに向かっているかを知っているということである。たとえば，年代順にレヴューするか，あるいはある仮説を支持する結果，また別な仮説を支持する結果によってグループ分けして研究を系統立てることもで

きる。あるいはまた，それらを方法論的特徴によって系統立てることもできるだろう。論文の構成に努力を傾ければ傾けるほど，最終的結果が筋の通ったものとなり，また予定通りに完成しやすくなる。付録Bにおいて，ジョンは，論文がどのように系統立てられているかについて，最初の段落で詳しく述べている。知能についての2つの見方を対照させ，それらの進展を年代順に述べることから始めている。

文献検索し参考文献を読みながら，いろいろな研究を仮の概括的なアウトラインにまとめることから始めることができる。それらの研究をカテゴリー化して，グループや下位グループに分けるのに，比較と対照を使う。副トピックについて述べ，それを拡張する事実，論点，そして研究をまとめながら，要素を加えたり省いたりしてゆく。SF映画に出てくる，原始的な分泌物から次第に形を形成する無定型な塊のように，どうにも一貫しない論文であっても，辛抱強く考え続ければ，必ずや姿形が伴ってくるだろう。組織化は一気になされるのではない。実際，休息をとったり，散歩に出かけたり，何か別のことをしたりして，新鮮な気分に戻って，再び問題に取り組むほうがよいことも多い。

あなたの目的は，目的に沿った構成とバランスのとれた階層を生み出すことにある。しかしながら，大まかなアウトラインでさえ作り始めるのが難しいようなとき，試みるべき秘訣が2つある。

- ◆ アウトラインを，論文の特定部分で使いたいと思う見出しや小見出しに基づいた，内容が詳しく述べられた表のようなものとして考える。
- ◆ 新鮮な考えを鼓吹するような，興味深い引用をいろいろ探す。後になってもそれが適切だと思えたら，それを〈問題〉セクションの書き出しに使えるし，読者の関心を捉え注意を引くことにもなる。

最初の原稿（第7章で論じる）を書く前に，最初のアウトラインを見直し洗練して，論文の組織的構成をより正確に反映したものにする必要があるだろう。この構成を不変のものと考えるべきではないが，あなたの考えが展開して行くときに，その枠となるものである。この構成を導きとして使うが，考えが変わったなら，それを変えることを恐れてはいけない。

◣ 大まかなアウトライン

　まず作らなければならないアウトラインは，論文の中で扱いたいと思う諸項目に番号をふった簡単なリストである．それからこのリストについて考え，1日ぐらい脇に置いておいてから，さらに考える．次のような問いについて考えるのが，先に進むのに役に立つ．

- ◆ どのように，始めたいと思っているのか．
- ◆ どのような結論を引き出したいのか．
- ◆ この2つのポイントの間に，どのようなセクションが必要か．
- ◆ それぞれのセクションで，何を強調したいのか．
- ◆ どのような例証，例，あるいは引用を使うことができるか．
- ◆ 何を詳しく扱うか，それらをどんな順番で使うか．

　ジョンの論文にもどると，これらすべての問題に取り組んでいる．もし2,3ステップ前の段階に戻って，ジョンがどのようにして論文を構成していったのか尋ねてみれば，ジョンは最初の大まかなアウトラインを，次のようにスケッチしていたらしいことがわかるだろう．

1. "知能"は，文脈が違えば異なる意味をもっていることを指摘し，〈問題〉セクションを，論文の以降の部分の概観で結ぶ．
2. 知能の伝統的見方を新しい見方と比較する．新しい見方を**多重的知能観**と呼ぶことにする．
3. ガードナーの多重的知能理論を強調し，何が知能の構成因を規定するか，彼のいうところの7種類の知能とは何であるか，さらに，なぜ彼は，それらが独立した知的能力であると信じるのかについても述べる．
4. 新しい見方に対する主要な批判について論じ，それらの批判に対する反論について論じる．
5. 論文の要点を繰り返し，その限界について述べ，研究の現在あるいは将来の方向について，なにがしかのことを述べて終わりにする．

　各セクションの詳細について考え，もっと精巧なアウトラインを作り上げる

ためには，さらになすべきことがたくさんある。詳細にまで降りてゆくにあたっては，議論に論理的一貫性をもたせるために，いろいろなアイディアを並行して考えてゆく必要がある。最初のアウトラインがさまざまな形式をとりうるように，詳細なアウトラインもトピックで考える，文章で考える，あるいはもう少し長い段落で考える，というようにいろいろなかたちで考えることができる。考えを進めるのに，いずれが最も有効だろうか。しかしいずれにしても大事な点は，どのやり方をとるにせよ，アウトラインで展開するいろいろな考えが，お互いに比較でき，等価であること，つまり平行していることである。

◣ いろいろな考えを平行させる

アウトラインにトピック，文章，段落のどれを使うかを選択する。選んだら，その特定の形式だけを使う。次に述べるアウトラインの一部分では，明らかにいろいろな考えが平行になっていない。

I．知能とは何か。"g 中心"とはどういう意味か。何が続くのか。
II．2つの見解
　　A．伝統的―知能の主要一般因子は，知能検査のいずれの課題によっても測定される。
　　B．スピアマンの心理測定への貢献
　　C．ピアジェに従って発達心理学者たちは，一般的な心的構造を論じている。
　　D．『ベル・カーブ』

問題は，このアウトラインがいろいろな問い，トピック，アイディアの断片や，本のタイトルのごたまぜだということである。このような寄せ集めのアウトラインにもとづいて研究するのは，流れに逆らって泳ぎながら，考えを論理的にまとめようと努力するようなものである。このまとまりのないアウトラインを，並行的構成をもつアウトラインで開始する場合と比べてみよう。次のようになる。

I．知能の2つの見方
　　A．伝統的なアプローチ

１．一般的な主要特性（スピアマン）
　　　　　ａ．知能の"g 中心の"概念
　　　　　ｂ．ジェンセンおよび遺伝性
　　　２．心の一般的構造に関するにピアジェの考え方
　　　　　ａ．普遍的な発達順序
　　　　　ｂ．生物学的操作化（神経伝達の速度）
　　　３．社会における g の役割に関するヘルンステインとマレイの著書

　２番目のアウトラインを最初のアウトラインよりも優れたものにしているのは，全体にわたって同じ形式が使用されているというだけではなく，２番目のアウトラインでは，考えが論理的に秩序だっていることである。２番目のアウトラインはより洗練され，より魅力的であり，そして論文を書くプランを立てるのに，より使いやすくなっている。

◤ 考えを秩序だてる

　トピック，文章，段落のいずれを使用するとしても，このように洗練されたアウトラインを作るための秘訣は，最も一般的な事実あるいは概念からはじめて最も特定された詳細や例へと，情報を降順にグループ化してみることである。すぐ前に述べたアウトラインが，このアプローチの形式をもっていることがわかるだろう。

　秩序だっていてかつ正確であることという規則は，定義，特定の理論の性質，評価基準，一連の議論と反論等々，いずれのアウトラインを描いているかにかかわらず適用される。次に示すのはアウトラインの一部分だが，秩序だっていて正確であることがわかるだろう。

　　Ⅱ．ガードナーの"諸知能"の理論
　　　Ａ．知能の定義
　　　　１．問題解決と創造的能力
　　　　２．評価基準
　　　　　ａ．脳損傷がある場合の分離性
　　　　　ｂ．例外的母集団の存在
　　　　　ｃ．ユニークなコア操作

         d．特殊な発達史
         e．進化的先在例からみた妥当性
         f．実験による検証が可能であること
         g．心理テストによる成績の予測ができること
         h．情報内容へのアクセス可能性
   B．知能の種類
      1．論理‐数学的
      2．言語的
      3．空間的
      4．身体‐運動的
      5．音楽的
      6．人格的
         a．個人内
         b．対人間

　詳細なアウトラインを作る際のもう1つの約束事は，資料13に例示したように，もし下位のトピックがあるなら，少なくとも2つ必要であって，1つだけというのはいけない，というものである。事実やアイディア，概念をローマ数字のⅠ，Ⅱ，Ⅲ，大文字のA，B，C，アラビア数字の1, 2, 3，小文字a, b, cで分類し，そしてさらに下位の項目は，数字と文字に括弧をつけて分類する。

資料13　アウトラインの下位分割

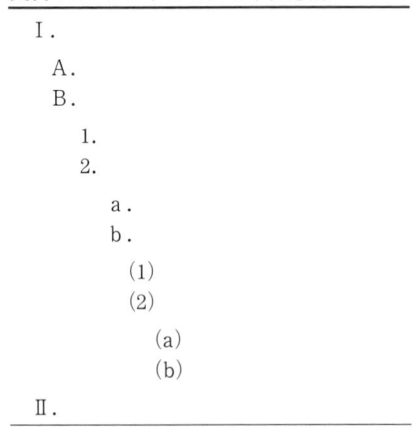

　Ⅰ．
　　A．
　　B．
　　　1．
　　　2．
　　　　a．
　　　　b．
　　　　　(1)
　　　　　(2)
　　　　　　(a)
　　　　　　(b)
　Ⅱ．

そのとき，もしⅠをリストするなら，Ⅱもリストすべきである（そしておそらく，Ⅲ，Ⅳ……となる）。またもしＡがあるならＢ，そして１があるなら当然２もなければならない。

　ローマ数字は，アウトラインの主要な概念を示す。インデントされた大文字は，各主要概念の主要部分になる。それに続く文字と数字は，それらを支持する詳細や例示が列挙される。各副トピックのインデントに注意。いずれのカテゴリーも，論文に入れたいと思うだけの数の詳細や例を加えて拡張することができる。組織化するのにこのシステムを使えば，論理に間違いがあれば必ず浮上するので，先に進む前にそれらを捉え，訂正することができる。

　たとえば，次のような短縮版のアウトラインを見てみよう。項目Ｂには，明らかに論理に破綻がある。

　　Ⅱ．ガードナーの"諸知能"の理論
　　　　Ａ．知能についての彼の定義
　　　　Ｂ．gの概念は，どのようにして生まれたか
　　　　Ｃ．７種類の知能

　項目Ｂは，アウトラインのこの部分から，知能のg中心の概念に関連するところに移動させるべきである。項目によっては，その要点を確認したり，さらに関連資料を補足したりするために，図書館やコンピュータに戻らなければならない場合もあるだろう。

▶執筆し，ノートをとるためのひな形

　アウトラインは，自分の考えをまとめるために必要というだけではなく，書き始めるのを容易にするものでもある。もしフレーズや文章の形式を使えば，次のアウトラインの一部分がよく示しているように，ほとんど論文を書くことになる。

　　Ⅱ．ガードナーの"諸知能"の理論
　　　　Ａ．知能の定義
　　　　　　１．"……問題解決の能力，あるいは１つまたはそれ以上の文化的場面において価値あるとされる産物を創り出すこと"（Gardner, 1983,

         p.x）
    2．知的才能に対する基準（Gardner, 1983）
        a．大脳の特定領域に対する損傷による知能の確認の可能性
        b．例外的母集団（たとえば，天才学者たち）の存在は，特殊なものが個別に存在していることを示唆する。

仮説的アウトラインに完全な文章を使用すると，おのずから論文が書かれていく。

Ⅱ．ガードナーの"諸知能"の理論
    A．知能の定義
        1．Gardner（1983）は，知能を"問題解決の能力，あるいは1つまたはそれ以上の文化的場面において価値あるとされる産物を創り出すこと"と考えた（p.x）。
        2．Gardner（1983）は，才能が"知能"と考えられるためには8つの基準に適合しなければならないと論じた。
            a．脳損傷によって，その知能が分離される可能性がある。
            b．例外的母集団（たとえば，天才学者たち）は，個別的なものの証拠を提供する。

第2章で，アウトラインを準備するときの，もう1つ別の有用なヒントをあげておいた。文献研究のときにとるノートを秩序だったものにするのに，アウトラインのコーディング・システムを使うことができる。アウトラインの"Ⅱ.B.1"に関するノートをとるのであれば，このコードをカードや文献のコピー，コンピュータのプリントアウトに書いておくようにする。それから，もしカードを使っているなら，大きなテーブル上に広げて，コードにしたがって組織化できる。

しかし，アウトラインはただのガイドに過ぎないことを忘れないで欲しい。その構成は，ノートを統合していくにつれて変わるかもしれない。

▉ 事後にアウトラインを作る

学生たちは，セメスターをまたいで論文を書くこともあり（たとえば上級論

文），最初からアウトラインを書くことはできないと感じているかもしれない。なぜなら，最終論文がどこに行き着くか，定かでないからである。書き出すときには，まずは以前に書いた草稿の資料を統合することが多く，最初からはアウトラインを作らない。さらに学生のなかには，アウトラインを作るのはあまりに厳しすぎるとわかって，考えが自然に流れ出るのにまかせるほうがいいと考える者もいる。

　どちらの場合であるにしても，いったん書いた後には必ずアウトラインを作成すべきである。論文が訴える力をもち首尾一貫していると——心理学者のいう"よいゲシュタルト"をもっていると——確信できるように，最終原稿の"ミニ目次"を作り，それから各見出しと下位見出しの下により詳細なアウトラインを作る。次の各項目について自問してみよう。

- ◆ 討論の焦点が定まっているか。そしてアイディアが次へと円滑に流れているか，あるいは，互いに基礎となっているか。
- ◆ それぞれのアイディアが十分に展開されているか。
- ◆ 議論されたそれぞれの主要概念に対して，それを支持する詳細が与えられているか。
- ◆ いろいろなアイディアのバランスがとれているか。
- ◆ 要点を得て書かれているか。突然脇道にそれたりしていないか。

　熟知したトピックについて経験ある著者が書くのであれば，詳しいアウトラインがなくてもうまくいくだろう。しかしそうでない人にとっては，アウトラインがないとしばしば大きな破たんを招くことになる。無駄な時間と労力を使ってフラストレーションを生むことは言うまでもない。誰かほかの人の研究で訓練してみたいと思うなら，ジョンの研究の一部分をアウトラインにしてみよう。彼の考察が，先行する5つの問題をどのようにうまく扱っているか，問うてみて欲しい。彼の考察の構成に問題点を見出したなら，どうやったらそれらの問題点を避けることができたかを考えたり，それらの問題点を修正してみよう。

第6章
統計情報を伝える

レヴュー論文で他の著者の量的データの分析結果を引用する場合や，研究レポートで自分が行った統計解析の結果を記述する際には，論文の読者がデータを解釈し評価できるように，必要な情報を明瞭，正確，そして精密に述べなければならない。(もし論文にいかなる統計情報も含まれないのであれば，この章をとばして第7章に進んでもよい。)

▌4つのガイドライン：CAPE

この章は，すでに統計学の入門コースを受講した（あるいは受講中の）学生で，レヴュー論文や研究レポートに統計結果を記述する必要に迫られている学生のために書かれている。ジョン・スミスは彼のレヴュー論文（付録B）の中で，ある研究者の「知能テストの成績は実社会のさまざまなパフォーマンスの分散の約4分の3を説明できない」との記述を引用している。しかしジョンは適切に，「人間科学においては，予測変数がデータの分散を25％説明できるというのは，印象的でないとはいえない」と注意深く指摘し，彼の主張を支持する論文をあげている。**メタ分析**（meta-analyses；文字通り"分析の分析"を意味する）と呼ばれる文献レヴューでは，類似のテーマを扱っている一群の先行研究を要約するために，種々の統計的手法やグラフなどを用いた図表化技法が用いられる。もしあなたが研究レポートを準備しているのであれば，ジェーン・ドゥの研究レポート（付録A）のように，"結果"セクションで統計解析の結果を詳細に記述する必要がある。(思い出してもらうために，代表的な統計用語とその定義を資料14に示した。)

ジェーンの研究レポートに載せられている情報は，通常雑誌論文で記述することが求められている種類のものであるが，必ずしもここに書かれている内容

資料14　一般的な統計用語の省略形と統計記号

記号／省略形	定義
英語の記号／省略形	
ANOVA	analysis of variance の頭文字をとったもの。測定値全体の分散を，要因で説明される分散と説明されない分散に分解し，F 検定を用いて分散の大きさを比較する統計的手続き。
CI	信頼区間（統計量の上限と下限の間の範囲）。信頼水準は $1-\alpha$（母集団の値がこの区間にある確率）で定義される。
d	コーエンが提唱した2つの独立の集団の平均値の差の効果量の指標で，標準得点（z 得点）で標準化された記述統計量。0から正負無限大までの範囲をとる。
df	自由度。
F	ANOVA で使われているフィッシャーの有意性検定。2つ以上の平均や分散の間に差異はないとする帰無仮説を検証するために用いられる。
g	典型的にはヘッジスの提唱した2つの独立の集団の平均値の差の効果量の指標を指す。標準得点（z 得点）で標準化された推測統計量。0から正負無限大までの範囲をとる。（しかし，コーエンの g やコクランの g といったように，他の統計量の省略形として用いられる場合もある。）
M	算術平均。
Mdn	中央値。
MS	分散。S^2 とも表す。
n	1つの条件もしくはサブグループに含まれるデータ数。
N	研究全体のデータ数。
p level	帰無仮説が真の場合にそれを棄却してしまう確率（第一種の過誤の確率）。
r	ピアソンの積率相関係数。2つの変数間の線形関係を表す指標。
SD	標準偏差。ある標本に含まれるデータが，平均を中心としてどの程度ばらついているかを示す指標。

の全部が，どの論文にも記載されているわけではない。たとえば効果量（effect size）が，常に論文中に記載されているとは限らない。しかしアメリカ心理学会発行の『論文執筆マニュアル』には，確率値は効果量や関係性の強さを直接的に反映するものではないため，「ほとんどすべての場合において，結果のセクションに効果量ないし関係性の強さを示す何らかの指標を含めることが求められる」と記されている。なお，確率値と効果量の違いについては後でさらに述べるが，幸いメタ分析の手法が開発され，入手可能な最小限の要素から効果量（およびその他の記載のない統計的詳細）を導き出すことができるようになった。本章では，統計情報を報告するときに役立つ，一般的な4つのガイドラインについて取り上げる。それは，CAPE という頭字語で表すことができる。すなわち，明瞭であること（clarity），正確であること（accuracy），精

資料14　一般的な統計用語の省略形と統計記号（つづき）

記号／省略形	定義
SS	偏差平方和。個々のデータと平均値との差の2乗の和のことを指す。
t	2つの変数間に差はないとする帰無仮説を検証する際に用いられる有意性検定（スチューデントのt検定ともよばれる）。
z得点	標準偏差が1となるように標準化された得点。

ギリシャ語の記号／省略形

α	アルファ。第一種の過誤（帰無仮説が真の場合にそれを棄却してしまう誤り）の確率。$1-\alpha$の値が信頼水準となる（クロンバックのα係数として知られる内的整合性の指標を指す場合もある）。
β	ベータ。第二種の過誤（帰無仮説が偽の場合にそれを棄却できない誤り）の確率。$1-\beta$の値（第二種の過誤を犯さない確率）は統計検定の検出力の指標となる。
λ	ラムダ。対比や傾向検定などを行う際に利用する，足しあわせると合計が0となるように作られた重み係数のセット（付録Aのジェーン・ドゥの研究レポートに実例がある）。
σ	母集団の標準偏差。
σ^2	母分散。
Σ	数値の集合を加算することを意味する。
ϕ	ϕ（ファイ）係数。両変数がともに離散変数である場合の相関係数。
χ^2	カイ二乗統計量。観測された頻度データの分布が，ある仮説（帰無仮説）から導かれるデータ分布と，どの程度一致しているかを検証する際に用いられる。

密であること（precision），そして，読者が再計算できるだけの十分な（enough）詳細さをもつことを指している。章末に，個々の統計解析法の手続きとその使用法を説明している「ハウツー」書を含めて，統計情報を扱う際に参考となる文献を注釈付きで載せておいた。

▶ 結果を明瞭に報告する

　レポートが明瞭であるとは，おおざっぱなグラフなどを描いて細部の情報をあいまいにしないこと，専門用語を完全に理解せずに不適切に使用しないこと，特定の結果についての仮説を立てているにもかかわらず，それと関係のない（しかも統計的検定にかけられていない）結果を述べないことを意味している。

指導教員に目を通してもらい，グラフの描き方，専門用語，そして統計解析に関して，専門家から見たフィードバックを受けるべきである。（この説明の後半で，関係のない統計検定についてさらに述べる。）また，論文の構成が，読者にとって文章の論理構造を容易に読み取れるようになっていることもたいへん重要である。研究案を書くこと（第3章）は，首尾一貫した構造をもたせるための第一歩である。もし研究レポートを書いているのであれば，第4章に述べた研究レポートの書き方を参照のこと。そこで述べた伝統的な論文の構成は，論文の提示のしかたに一貫性をもたせるようデザインされている。もしレヴュー論文を書いているのであれば，第5章で述べたガイドラインが，最初の草稿に着手する前に，まず一貫性のある論旨の流れを組み立てる上で参考になるだろう。

コンピュータ・グラフィックス技術の出現により，線グラフや棒グラフ，円グラフ，色分け図などを容易に作成できるようになった。しかしこのことが，それらパソコンで作られたグラフはすべて明瞭でわかりやすいという，誤った意識を生み出すことにつながったといえる。APAマニュアルでは，図を用いるほうが文章による説明よりも効果的に情報を読み手に伝えることができることを前提にして，「結果の全体像を一目で伝えたい」場合に，図を用いることをすすめている。ジェーンの研究レポートにみられるように，論文に図や表を載せる場合には，本文中でそれらに触れて説明する必要がある。図を載せる場合には，APAマニュアルに書かれている，良い図を書くための基準が参考になる。それは簡潔であること，明瞭であること，そして文章中の結果の表記ときちんと対応していることである。良い図を作成するためのガイドラインを，さらにいくつか紹介しておこう。

- ◆ 図は，本文の記述を補足し，さらに詳しく説明するために使う。
- ◆ 図には余分なデータを含めたり余計な修飾を加えたりせず，必要最小限の情報を伝えるだけの，簡潔なものにすべきである。
- ◆ 図で用いるフォントや線分，ラベル，シンボルには，大きくて見やすいものを使用する。
- ◆ すべての図で，文字のフォントの種類や大きさを統一する。
- ◆ グラフ中の各データは正確にプロットする。グラフを手書きで描く場合，行と列の間隔を正確に保つために方眼紙を用いて作成し，それを縮小したものをレポートに貼りつける。

- ◆ グラフの横軸（x軸）に独立変数（予測変数），縦軸（y軸）に従属変数（基準変数）を配置するのが慣例である。
- ◆ 単位が小さいものから大きいものへと変化するように描く。

　ハーバード大学の認知心理学者スティーブン・コスリンは，『グラフ・デザインの要素』(Stephen M. Kosslyn, *Elements of Graph Design*) の中で，脳が視覚情報をいかにして知覚し処理するかを，より良い視覚的表現を実現することとの関連で述べている（コスリンの著書については，章末の解説付き文献リストを参照）。たとえば，脳はディスプレイに表示されているパーツ同士の複雑な空間関係を，即座に認識するようにはできていない，と彼は主張している。そうだとすれば，複雑なデータを報告する場合，特にデータ間の正確な対応関係を伝えたいような場合には，図よりも表を用いたほうがよいということになる。データの正確な値を提供できるということも，表を用いる利点としてあげられる。図に要約されたデータでは，読者がその正確な値を知りたくても，推測するしかない。

　もし図に色をつけようと考えているならば，コスリンは以下のような秘訣を伝授してくれている。

- ◆ 近い波長の色は互いに見分けるのが困難なので，十分に区別しやすい色を使う。赤みがかった紫色，青色，黄色がかった灰色，黄緑色，赤色，うす青い灰色は，互いに区別しやすい色である。
- ◆ 一般的に見て他の色と混同しにくい色（観察者が色盲の場合を除く）は，白色，灰色，黒色，赤色，緑色，黄色，青色，桃色，茶色，橙色，紫色である。ただし，一画面に多くの色が含まれると混乱を招くので，これらの色の中から数色を選んで用いる。
- ◆ 波長が長い赤色と波長が短い青色を隣り合わせると画面がちらついて見えるので，これらの色を並べて配置しないようにする。
- ◆ コバルトブルー（淡い群青色）は，赤色と青色の混色であり，焦点をあわせにくいので，使用は避けたほうがよい。たとえば，夜に青白く光る街路灯の周りにぼんやりと光輪が見えることがある。これは霧のせいだと思っている人もいるかもしれないが，この現象は，実際には，目がこの色の対象に正しく焦点を当てることができないために生じる視覚現象である。

コスリンはグラフ・デザインの心理学的な基礎を3つの原則に要約している。その1つは，「心はカメラではない」というものである。つまり，私たちは外界の対象をありのままに見るわけではない。なぜなら，どんな場合にも見る者の経験や期待といった要素が反映されるからである。よく，「見ることは信じること」と言われるが，「信じることは見ること」であるのもまた事実であって，自分の期待に合わせるように物事を見てしまいがちである。第2の原則は，「心は見掛けで判断する」というものである。物を見る際に，人は外見がその中身を表すと判断しがちである。極端な例を挙げると，青組と赤組の2つの組の成績を示すグラフを描くとしよう。この時，青組の成績のグラフを赤色で，赤組のグラフを青色で描いたとしたら，心は否応無しに，インクの色が組の色と対応していると考えてしまうので，見る側に混乱を招くのは必至だろう。最後の原則は，「やる気はあっても心は弱い」というものである。これは，視覚や記憶のシステムには持って生まれた限界があるということを意味する。見る者に正しく理解されるような視覚的表現を作るためには，このことを忘れてはならない。

▊ 結果を正確に報告する

　2番目のガイドラインは，関連事項を省略したり，実際の観察結果と少し違って表現したりして事実を歪めることなく，率直に統計的結果を報告すべきであるというものである。正確であるためにはまた，データの記録や計算，数値にミスが生じないように，入念にチェックすることも忘れてはならない。たとえば，ローデータに目を通すことで，外れ値，すなわち観測データが取り得る標準的な範囲から著しく逸脱した値を見つけ出すことができる。外れ値があったならば，それが記録の取り間違いではないことを確認する。観測データが正確に記録されていることを確認した後，データの代表値を求めることになるが，誤った解釈を未然に防ぐためにも，平均だけでなく中央値も算出するほうがよい。たとえば10人の平均収入を求める場合を仮定しよう。この時10人中1人だけずば抜けて他と異なる収入を得ていたとすると，平均はこの1人のデータを含めるか否かによって大きく左右されるが，中央値はほとんど影響を受けない。もちろん10人の収入の範囲（最大値と最小値）をあわせて記しておくほうが賢明である。これにより，読者は10人の収入にどの程度の開きがあるの

かを知ることができる。

　正確に記述することが大切であることは，結果の記述に限ったことではない。仮説や予測を述べる場合にも，同様のことがあてはまる。観測データを見てから，あたかも前もって考えていたかのように偽って，データに合う仮説を述べることはしてはいけない。ボヘミア地方に伝わる古い言い伝えの1つに，弓矢の名人の話がある。ある日，その国の国王がとある林のそばを通りかかると，音に聞こえた弓矢の名人に出くわした。国王が林の木々をよく見ると，いずれの木の幹にも白いチョークで丸印が描かれており，その真ん中には1本の矢が刺さっていた。なかには，まだ放たれて間もないのか，矢尻がわずかに震えているものさえあった。国王はこの名人に，「お前と同じくらい上手く弓を射られるように私に弓術を教えてくれたら，褒美として領土を与えてもよい」と申し出た。すると正直な名人は次のように返答した。「いえいえ，とんでもございません。私が弓の名手といわれている秘密を申し上げましょう。実は，私はまず弓を射てから，弓の命中したところに丸印を描いているのです。」データを先に得たのか，それとも仮説を先に立てたのかについて，読者に正直に知らせる必要がある。なぜなら，データを調べた**後**でそれに合う仮説を考えるのは，難しいことではないからである。

　正確に記述することとは，明瞭に記述することでもある。なぜなら，情報を正確に報告するには，研究のデザイン，遂行，分析，そして結果の解釈に関する記述を，あいまいなところのないよう見通しよく書かねばならないからである。その反面教師となる一例を挙げよう。医療研究分野におけるランダム化臨床比較試験（randomized clinical trials: RCTs）は，被験者をどのようにして各実験群や条件群に割り当てたかについての不可欠な情報が明記されていないという点で，批判されている。この問題に対処するために，教育的な努力が払われてきてはいる。しかし最近のある報告によれば，依然として多くの医学生の研究レポートではこの問題が改善されているとはいえず，このことが臨床治験における薬物の効果量の推定にバイアスを生じさせる恐れのあることが指摘されている[1]。

　バイアスのある結論や誤った提案は，結果的に予算を無駄使いすることとなり，偽りの期待をいだかせることになるから，資源の無駄であり，研究分野に

---

[1] D. Moher, K. R. Schulz, & D. G. Altman. (2001). The CONSORT statement: Revised recommendations for improving the quality of reports of parallel-group randomized trials. *Annals of Internal Medicine, 134,* 657-662.

混乱を招くということを忘れないようにしたい。読者の中には，臨床試験を行っているわけでもないのに，こういうことが自分の研究と一体どんな関係があるのだろうか，といぶかしがる人がいるかもしれない。しかしどのような研究であっても，研究計画，実施方法，データ分析，結果の解釈に関して，できるだけ完全かつ正確に記述することが必要である。

　不正確であることが資源の浪費となる，よくある別の問題もある。それは，統計的検定における p 値が，いかに学生の判断を曇らせるかに関わる問題で，「p を見て森を見ず」と譬えることができよう。p 値については後でこの章で再び触れるが，ここでは以下のことを強調しておきたい。それは，0.05 以下の p 値が得られることが特別に望ましいことであると考えてしまってはいけないし，p 値が有意でないことをもって，帰無仮説が採択されると結論づけたり，効果量が 0 であると判断したりしてはいけないということである。レポートの中にデータが正確に正直に記載されていて，それをもとに適切な考察が述べられていれば，統計的検定の結果が有意であってもなくても，教師は適切な評価をしてくれるはずである。アルバータ大学の実験心理学者ピーター・ディクソンは，有意でない p 値を帰無仮説が真である証拠と考えてしまう誤りのことを，"p 値の誤謬（p-value fallacy）" と呼んでいる（Dixon の論文は，章末の解説付き文献に載っている）。以下では，t 検定，F 検定，χ^2 検定を行う際の，統計学的なガイドラインをいくつか紹介しておく。

- ◆ t 検定において帰無仮説（H_0）が真である場合の t 値の期待値は，0 である。
- ◆ F 検定において帰無仮説（H_0）が真である場合の F 値の期待値は，通常 1 を少し上回る。より正確には，$df/(df\text{-}2)$ で推定される（df は分母の自由度）。たとえばジェーンのレポートに記載されている F 値の 1 つ $F(3,76)=15.51$（Table 2）を例にとると，この場合帰無仮説が真となる期待値は 76/74=1.03 となる。
- ◆ χ^2 検定において帰無仮説（H_0）が真である場合の χ^2 値の期待値は，そこでの自由度の値に等しい。したがって，2×2 の χ^2 検定の場合その期待値は 1，2×3 の場合には 2 になる。

▲ 結果を精密に報告する

　有意性検定は，オムニバス検定と呼ばれる総括的な検定と，比較の対象を明確に絞った検定（以下，焦点化された検定と呼ぶ）の2つに大別される。すべてのt検定や分子の自由度が1となる場合のF検定，自由度1のχ^2検定などは後者にあたり，分子の自由度が2以上のF検定や自由度が1より大きいχ^2検定は前者に相当する。焦点化された検定はオムニバス検定に比べてより精密であるだけでなく，検出力も高い。このため，あらかじめ確固とした実験的予測が成立している場合には，焦点化された検定の適用が薦められる。当然ながら，ここでの有意性検定は，作業仮説に即したものであるべきである。もし有意性検定の選択を間違ったり，検出力の問題に注意を払わなかったりした場合，作業仮説が本当は正しいかもしれないのに，そのことに気がつかないまま早まって見切りをつけてしまうことになるかもしれない。昔の映画になるが，『ターザン』といえば，ターザンがつる草につかまって木から木へと飛び移る様子を思い起こす人も多いだろう。初めて『ターザン』を演じたのはジョニー・ワイズミュラーだった。彼がインタビューで自分の人生哲学を尋ねられたとき，次のように答えている。「大事なのは，つる草をはなさないってことだ。」このコメントは研究者にとっても非常に参考になる。自分が研究から何を見出そうとしているのかをきちんと見据えて，自分の仮説をじっくりと腰を据えて検証する姿勢が重要だということである。

　結果を精密に，かつ包み隠さず報告すべきであると述べてきたが，結果を不当に精密に記述することもこれまた問題となり，バランスが重要である。ここでいう不当な精密さとは，元々があいまいな情報を過度に厳密な単位で表すような場合を指す。たとえば，研究で態度調査のための標準的な質問紙を使ったとしよう。その質問紙は，"強く賛成する"から"強く反対する"まで5件法で回答するものであった。ここで，質問紙の尺度得点の平均値を表す際に，小数点以下の桁数を多くとって表記するなら，不当な精密さだといえる。なぜなら，ここで用いた心理尺度は，小数点以下のわずかな得点の変動まで検出するだけの精度を備えていないからである。度を超えた精密さとは，状況や文脈が要請している以上の正確さで結果を記述する場合を指す。たとえば，マウスの体重を小数点6桁まで記述するような場合がこれにあてはまる。たとえ使用した計測装置がそれだけの桁数まで測れる精度をもっていたとしても，文脈上そ

こまでの厳密さは求められていない。情報をどれくらい精密に記述すればよいか迷った場合は，指導教員に助言を求めるようにしてほしい。

▎十分な情報を報告する

　この章の最初のところで，APA マニュアルには「結果のセクションに効果量ないし関係性の強さを示す何らかの指標を含めることが求められる」と書かれていることについて述べた。**効果量**という用語は，実際のところ概括的なことばであり，たとえば2つの集団の結果の差異や，これらの集団への所属と従属変数の得点の間の関係性の強さ，処置に依存する特定の結果の起こりやすさを示すオッズ比など，これらはすべて効果量を反映する指標であるといえる。このように，効果量という用語は，それが用いられる文脈の違いや指標の種類に応じて，異なるニュアンスを含んでいる（章末にあげた解説つき参考文献でも論じられている）。大事なことは，効果量を概念化する方法には幾通りものやり方があるということである。心理学においてよく知られている効果量の指標の1つに，ピアソンの積率相関係数（r）がある。この指標は予測変数と従属変数の関連性の強さを表し，$r=1$ の場合は2つの変数の間に完全な線形の関係が存在することを意味している。これに対して $r=0$ の場合は，線形関係では一方の変数を他方の変数から予測することはできないことになる。また，もう1つ効果量の統計量としてよく知られたものに，コーエンの d (Cohen's d) がある。この指標は，2つの集団の平均値間の標準化された距離を示し（z 得点に似ている），0から正もしくは負の無限大の範囲の値をとる。コーエンの d が0ということは，2つの集団のもとにある母集団の正規分布が，相互に完全に重なり合うことを意味している。また $d=.8$ の場合（コーエンは d はこの場合を"大きな効果"と呼んでいる），2つの母集団の分布が重なり合わない割合が47.4％であることを意味している。

　有意性検定の結果を記載する際に，p 値だけでなく効果量を記載するよう推奨されていることには，それなりの理由がある。その1つは，p 値はデータの標本数に大きく依存するため，効果量が同じでも標本数が違うと有意になったりならなかったりするからである。たとえば，以下に $p=.05$（両側検定）で有意となる相関係数（効果量に相当する）を示す。

$N-2$	r
1	.997
2	.950
3	.878
4	.811
5	.754
10	.576
20	.423
30	.349
40	.304
50	.273
100	.195
200	.138
300	.113
500	.088
1000	.062
2000	.044

　上の表の最初の列の"$N-2$"は標本数から2を引いた数を表しており，相関における自由度（df）である。次の列は5％水準（両側検定）で有意となるために必要なrの大きさを示している。この表からは，効果量rが非常に大きい場合でも，また逆に小さい場合でも，統計的に有意となり得ることがみてとれる。大事なのは標本数であり，標本数が多くなるほど，小さいrの値でも有意となることがわかる。たとえば，標本数が2002個の場合r=.044でも5％水準で有意となるが，標本数が12個では，r=.044の13倍以上のrが得られたとしても，5％水準で有意とはならない。このように，論文中にp値のみを報告するだけでは，読者には効果量に関する情報がわからないのである。

　有意性検定における統計量と効果量の関係は，概念的に以下のような等式で表すことができる。

　　　有意性検定における統計量＝効果量×データ数

この式は，有意性検定における統計量（たとえばt値，F値，χ^2値）が効果量（rやコーエンのd）と研究の参加者数や標本数の2つの要素の組み合わせ

から成り立つことを示している。すでにおわかりのように，有意性検定における統計量の値（t値やF値，χ^2値など）が大きくなればなるほど，有意確率p値は小さくなる（通常より望ましい）。

たとえば，t検定を上述の等式で表現してみると，次のようになる。

$$t = d \times \frac{\sqrt{df}}{2}$$

ここでdfは全体のデータ数から2を引いた値である。効果量の指標には次式で推定したコーエンのdを用いる。

$$d = \frac{M_1 - M_2}{\sigma_{\text{pooled}}}$$

これは，2つの集団の平均の差（M_1とM_2）を，2つの集団のデータをまとめた全体の標準偏差で割ったものである。ここから，2つの集団の平均の差（M_1とM_2）が大きくなるにつれてt値が大きくなること，全体の標準偏差が小さくなるにつれてt値が大きくなること，そして全体のデータ数が増えるにつれて，t値が大きくなることがわかる。もし実験を計画しているのであれば，以下のような点を心がけることで，有意な結果が得られやすくなる。(a) 倫理的に認められてかつ実際に遂行可能な範囲で，できるだけ強力な実験操作を採用する。これにより2群間の平均の差が，より明確に表れることが期待できる。(b) 集団内の実験参加者の属性をできるだけ同質に揃え，標準化された手続きを採用する。これにより，各集団内での数値の変動を最小限に抑えられる。(c) できるだけ多くの実験参加者を募ることで，データ数を増やす。

すでに述べたように，心理学研究で用いられる効果量の指標は，ピアソンの積率相関係数（r）とコーエンのdに限られるわけではない。また，積率相関係数（r）にはさまざまな種類がある。たとえば，二値変数（男性／女性，統制群／実験群など）と連続変数との相関の強さを示す指標として点双列相関係数（r_{pb}）がある（点とは，連続体上にある1点を指す）。ファイ係数（ϕ）は二値変数どうしの相関の程度を表す指標である。ジェーンの研究レポートの巻末にある付録のセクションで，本文中で用いたものとは別の効果量の指標r_{alerting}を計算したことが述べられている。alertingは，このrを2乗すると（すなわちr^2_{alerting}），群間平方和の割合が対比の線形重みづけによって説明されることに"注意をよびかける"ものであるところから，彼女が付けたものである。

効果量の指標にはさまざまあり，範囲も多様なので，常にいずれの指標を用いたかを明記する必要がある。

　APA マニュアルでは，できるだけ平均や効果量などの母集団推定値の信頼区間も併せて報告するよう勧めている。信頼区間は統計量の上限と下限の推定値で，信頼係数（$1-\alpha$で定義される）は，推定された母集団統計量の"近似"の程度を示す。信頼水準が 95 ％であるということは，100 回測定したとき 95 回は，その母集団統計量（たとえば平均，効果量など）がその信頼区間内に入るということを意味する。信頼水準を 95 ％から 99 ％に上げると信頼区間の幅は広くなり，逆に信頼水準を下げると信頼区間の幅は狭くなる。なぜそうなるかに関しては，不安定な現象について 100 ％確実であるといえるためには，どれだけ広い信頼区間を設定する必要があるかを考えればわかるだろう。

　この節の「どれだけの情報があれば十分なのか」に関する議論の最後に，APA マニュアルで推奨されている，論文に記載すべき統計情報を確認するためのチェックリストを載せておく。

- 使用した検定の統計量（t 値，F 値，χ^2 値）と自由度（df），ならびにそれらの統計量が極値かそれ以上となる確率（p）がもれなく報告されているか。
- 特に t 検定（z 検定）を用いた場合，p 値が片側検定（one-tailed）を行ったのか両側検定（two-tailed）を行ったのかが明記されているか。
- 焦点化された検定（t 検定ならびに自由度 1 の F 検定および χ^2 検定）では，効果量が報告されているか。ここで得られた効果量が研究の背景と測定した変数との関連において解釈されているか。
- 母集団の平均や効果量の信頼区間が報告されているか。また信頼区間の大きさを考慮に入れた結果の解釈がなされているか。
- 標本数と数値の変動性を表す指標が報告されているか。
- 特に有意でない検定結果を報告する場合，検出力の問題に注意が払われているか（ジェーンのレポートの「考察」を参照のこと）。

ペンティメント

　もしあなたがレヴュー論文を書いているのであれば，学術雑誌の論文の中には，上述したすべての統計情報が報告されていないものも少なくないことに気

づくだろう。しかしながら，いくつかの統計情報が不足していたとしても，与えられている情報から必要な情報をシミュレートしたり，再計算したりする方法があるかもしれない。たとえば，後述の推奨文献の1つでは，標本数とp値から効果量を推定する方法が取り上げられている（Rosenthal and Rubin の requivalent 統計量を参照のこと）。小説家リリアン・ヘルマンは，『ペンティメント（*Pentimento*）』という題名の本を書いている。ペンティメントとは隠されたイメージという意味であるが，本来美術品の修復の分野で用いられる用語で，上から塗りつぶされた絵画のことを指す。時が経つにつれ絵画の上塗り部分が次第に薄くなり，ついにはその下に何か別のものが描かれていることに気づく。同じように，学生の統計に対する理解が深まり，データをいろいろな角度から分析してみたいと思うようになってくると，研究論文の中に今まで気がつかなかったさまざまな情報が隠されていることがわかるだろう。この話題についてこれ以上述べることは本書では控えるが，統計情報を読み解いていく面白さは，優れた推理小説に匹敵するということを，読者に知っていただきたいと思う。

▎注釈付き参考文献リスト

　本章で扱ったトピックをさらに詳しく学習するための，いちばん手にしやすい情報源は，あなたが使っている統計や研究法のテキストと，WEB ページのリンクである。カズディンの『心理学事典』（A. E. Kazdin, *Encyclopedia of Psychology*, Oxford University Press & American Psychological Association, 2000）やスメルサーとバルテスの『社会科学と行動科学の国際百科事典』（N. J. Smelser and P. B. Baltes, *International Encyclopedia of the Social and Behavioral Sciences*, Elsevier, 2002），ルイス - ベック，ブライマン，リャオによる『セージ社会科学の方法百科事典』（M. Lewis-Beck, A. E. Bryman, and T. F. Liao's, *Sage Encyclopedia of Social Science Methods*, Sage, 2004）などの心理学や他の関連分野の百科事典も，一般的な情報源としてよく用いられる。以下にあげる参考文献は，学生が入手し易いという基準で選んだものである。手引き書や解説書の類にあたるものにはアステリスク（＊）を付けた。また，頭にふられている数字は，推奨される読書の順番を示している。

有意性検定と統計的検出力

1. Cohen, J. (1990). Things I have learned (so far). *American Psychologist, 45*, 1304-1312.

    古典的論文。故ヤコブ・コーエンが帰無仮説有意性検定（NHST）における検出力の役割について論じており，NHSTを用いる研究者の多くが検出力に配慮しておらず，その結果として，知らずに研究を瑕疵あるものにしている現状を嘆いている。

*2. Cohen, J. (1992). A power primer. *Psychological Bulletin, 112*, 155-159.

    心理学研究においてもっとも一般的に用いられる統計的検定法において，$\alpha=.01, .05, .10$ の各レベルでの"小さい"，"中くらい"，"大きい"検出力に必要なサンプルサイズについて議論し，表にまとめている。

3. Hallahan, M., & Rosenthal, R. (1996). Statistical power: Concepts, procedures, and applications. *Behaviour Research and Therapy, 34*, 489-499.

    検出力を増すための10の手続きを含む，統計的検出力の問題と心理学研究への適用についての全体的なチュートリアル。

4. Dixon, P. (2003). The *p*-value fallacy and how to avoid it. *Canadian Journal of Experimental Psychology, 57*, 189-202.

    帰無仮説が棄却されなかったことから，効果の大きさが0かほとんど無視できると解釈してしまうといったように，効果の有無を決定するための有意性検定の誤用について議論されている。

効果量の指標

*1. Rosnow, R. L., & Rosenthal, R. (2003). Effect sizes for experimenting psychologists. *Canadian Journal of Experimental Psychology, 57*, 221-237.

    3種類の効果量の指標が，多様な事例によって紹介されている。また，オッズ比や相対危険率，リスク差などの臨床試験で用いられる特定の指標に関して，その解釈と使用上の制約について述べられている。

*2. Rosenthal, R., & Rubin, B. (2003). $r_{equivalent}$: A simple effect size estimator. *Psychological Methods, 8*, 492-496.

    サンプルサイズと p 値のみから点双列相関係数 r やコーエンの d を導出する方法や，検出力の指標が開発されていないノンパラメトリック統計量を報告する際の手続きについて述べられている。

*3. Rosnow, R. L., Rosenthal, R., & Rubin, D. B. (2000). Contrasts and correlations in effect-size estimation. *Psychological Science, 11*, 446-453.

    対応のない t 検定から r やコーエンの d，ヘッジスの g を計算するための公

式や，ヘッジスの g を r に変換する公式，データ数が異なる場合の検出力の低下の度合いを推定する公式などが取り上げられている。3つ以上の独立の集団に対する焦点化テストに用いられる効果量の相関についても議論されている。

信頼区間とヌル・カウンタヌル（Null-Counternull）区間

Fidler, F, Thomason, N., Cumming, G., Finch, S., & Leeman, J. (2004). Editors can lead researchers to confidence intervals, but can't make them think: Statistical reform lessons from medicine. *Psychological Science, 15*, 119-126.
  信頼区間は，医学系の雑誌では長年にわたり報告されてきており，APAマニュアルでも記載することが推奨されているが，心理学の分野では信頼区間の記載はまだ標準となっていない。この論文では信頼区間の有用な役割があらためて述べられている。

*Masson, E. J., & Loftus, G. R. (2003). Using confidence intervals for graphically based data interpretations. *Canadian Journal of Experimental Psychology, 57*, 203-220.
  図やグラフにおける信頼区間の使い方について解説されている。

*Rosenthal, R., & Rubin, D. B. (1994). The counternull value of an effect size: A new statistic. *Psychological Science, 5*, 329-334.
  信頼区間と概念的な関連性をもつ counternull 統計量が紹介されている。この統計量は，得られた効果量や帰無仮説に関係し，p 値が.05 よりも大きい場合に，帰無仮説が正しいと早まって信じてしまうことに対する保険となる。

メタ分析と焦点化された検定

Rosenthal, R., & DiMatteo, M. R. (2001). Meta-analysis: Recent developments in quantitative methods for literature reviews. *Annual Review of Psychology, 52*, 59-82.
  メタ分析の紹介と，関連研究をまとめる際の基本的問題点や，観察された関係性を抑制している変数の同定法について触れられている。

*Rosnow, R. L., & Rosenthal, R. (1996). Computing contrasts, effect sizes, and counternulls on other people's published data: General procedures for research consumers. *Psychological Methods, 1*, 331-340.
  3つ以上の独立のグループに対する焦点化された t 検定や F 検定，z 検定の手続きについて述べられている。また，この場合のコーエンの d やヘッジスの g，ピアソンの r による解釈や，信頼限界と null-counternull 区間の構成につ

いてもふれられている。

図表，グラフ，その他の視覚的表現

　以下は，図式的な情報を提示する際に有用な参考文献である。これらは，授業の単位を得るために論文を書く場合のみならず，大学を出てビジネスや官庁の世界に入った後にも役に立つ情報である。

Kosslyn, S. M.（1994）. *Elements of graph design*. New York: W. H. Freeman.

Tufte, E. R.（2001）. *The visual display of quantitative information*（2nd ed.）. Cheshire, CT: Graphics Press.

Wainer, H.（1997）. *Visual revelations: Graphical tales of fate and deception from Napoleon Bonaparte to Ross Perot*. Mahwah, NJ: Erlbaum.

第7章
執筆する，推敲する

最初の原稿を書くのは，暑い日に冷たい海水に足をつけるときの感じに似ている。初めは少し戸惑うが，慣れてくると心地よくなる。本章では，原稿を書き始めるときに助けとなる，いくつかの指針を示す。

■ 資料を選別する

1947年，ホーマー・コリヤーとラングレー・コリヤー兄弟の事件が新聞や雑誌をさわがせた。兄弟の遺体がニューヨーク5番街128丁目にあるゴミ屋敷で発見されたのだった。ホーマー・コリヤーが死んでいるとの一報を受けた警察は，バールと斧でドアをこじ開けて屋敷に入った。警官は，コリヤー宅の入り口のすべてが，新聞紙の束や何百冊もの漫画雑誌，そして大量のがらくた（14台のグランドピアノ，T型フォードの車，馬車の屋根，全長7フィート直径20インチの大木，オルガン，トロンボーン，コルネット各1つ，ラッパが3つにバイオリンが5つ，第一次世界大戦時代の銃剣が3つ，そして10個の置き時計，そのうちの1つは，9フィートの高さで重量が210ポンド）でふさがれているのを発見した。各部屋や廊下には，こうしたがらくたの山の隙間をぬった通り道が蜂の巣状に広がっており，侵入者がうかつに通ろうとするなら，がらくたの一部が音を立てて倒れてくる仕掛けになっていた。警官たちは通報主とみられる，ホーマーを世話していたラングレー・コリヤーを捜したが，なかなか見つからず，ついに事件から8週間後に，彼はタンスとベッドのスプリングに挟まれた状態で死んでいる姿で発見された。ラングレーは，自らが仕掛けた罠にかかって死んでしまったのである。

コリヤー兄弟の事件から得られる教訓は，苦労して集めた資料や文献を捨てるのは簡単ではないということである。しかし，資料や文献の量が豊富である

からといって，論文の質が優れていることを保証するものではない。過度な情報があふれている論文よりも，緻密で理路整然とした論文のほうを，指導教員は高く評価するはずである。論文の執筆と推敲にあたっては，論文の目的をしっかり見据えると同時に，余分な資料を躊躇なく捨てる心構えを持つことが重要である（ただし，研究のデータまで捨てたりしないこと）。

▶ 自分を動機づけるための決意文

　論文を書き始める際には，あなたがその時点で心に描いている論文の目的や目標をまとめてどこかに書いておくとよい。このような，いわば"自分を動機づけるための決意文"は，自分の考えを焦点化し明確にしておくために，なるべく簡潔で短く書くほうがよい。文書を作る際，研究について指導教員に相談した際に述べたアイディアなどを書き留めておけば，自分を動機づけるための決意文を書くとき参考になる。

　本書の巻末に掲載した2つの見本論文について，彼らが指導教員に相談した後で上述の自分を動機づけるための決意文を用意したとすれば，以下のようなものになっただろう。

ジョン・スミスの場合

　私は，一般因子（g 因子）に基づく知能観と，私が**多重的知能観**（multiplex view）と名づけた知能観の比較を試みる。というのも，異なる知的能力が**知能**という用語のもとに一括されているのは，あたかも，シネマ・コンプレックスでいろいろな映画が同時に上映されている状況に似ている，と思うからである。ハワード・ガードナーの理論的アプローチとそれに対する批判，そして反論について強調するつもりである。最後に，知能研究の現状と今後の展望について，何らかの提言を行いたいと考えている。

ジェーン・ドゥの場合

　私は，従業員からちょっとしたプレゼントをもらったお客はチップをはずむ傾向にあること，そして従業員と客との互恵性の関係を操作することで，客が渡すチップの額がさらに増えることを報告する。背景研究の文献レビューから始めて私の仮説を位置づけ，最後に，今後

の研究に向けていくつかの行動観察データとアイディアについて述べる。

このように，自分を動機づけるための決意文を書くことは，自分の考えに集中する助けとなることがご理解いただけたであろう。またこれにより，論文の執筆に対する抵抗感が和らぐという効果も期待できる。つねに論文の最終目標を見据えて，余分な情報を削ぎ落としていくためにも，この方法は有効である。論文を執筆している間，折にふれてこの文面を見直すことで，論文の論旨がいつの間にか脇道に逸れていってしまっていた，などというようなこともなくなるだろう。

▌書き出し

　読者の注意や関心を引きつけたければ，論文の書き出し部分が非常に重要である。作家の中には，見事な書き出しで読者を魅了することができる人もいるが，心理学分野や技術系の論文や書籍では，重々しい内容から話が始まることも少なくない。このような文書の例は巷にあふれているので，ここであえて例をあげる必要もないだろう。読み手の心をつかみ，後に続く内容へとさらに誘うような書き出しとは，どのようなものであろうか。

　1つの方法は，書き出し部分で，いきなり読者に刺激的な問いを投げかけることである。たとえば，心理学者シセラ・ボクは，嘘をつくことの倫理についての本を書いた（Sissela Bok, *Lying: Moral Choice in Public and Private Life*, Pantheon, 1978）。一見してあまり人を引きつけなさそうなテーマであるが，彼女はすぐさま読者をとらえ共鳴させる，強力な問いでこの本を始めた。

　　医師は死に瀕している患者が真実を知ったときの恐怖と不安を和らげるために，嘘をつくべきであろうか。教授は学生が就職競争に競り勝つために，成績をかさ上げすべきであろうか。親は子どもに，その子が養子であることを隠しておくべきであろうか。社会科学者は診断と治療における人種バイアスや性差バイアスを研究するために，研究者を患者に偽装させて病院におもむかせるべきであろうか。政府弁護団は，ぜひ必要とされている福祉法案に真実を述べれば反対するであろう国会議員に対して，嘘をつくべきであろうか。そしてジャーナリ

ストは，汚職を暴露するために聴取する相手に嘘をつくべきであろうか。(p.xv)

著者はこのような問いを投げかけて，あたかも対話するかのように読者に語りかける。読者は，ほんの一瞬であってもこれらの問題に触れることで，否応無しにそれに対する答えを考えようとする。そして，自分の答えと著者の答えを比べたいと思い，本の内容に引き込まれていくというわけである（心理学者レオン・フェスティンガーは，このような心理を"社会的比較"と呼んでいる）。

また，論文で取り上げる問題の逆説的性質を示すことで，読者の注意を引くというやり方もある。社会心理学者のスタンレー・ミルグラムの本『権威への服従』(Stanley Milgram, *Obedience to Authority*, Harper, 1969. 岸田秀訳『服従の心理: アイヒマン実験』改訂版新装, 河出書房新社, 1995) の書き出しを見てみよう。

> 服従は，社会生活のなかで誰もが直面することのある基本的な経験の1つである。ある程度の権威体系は，あらゆる集団生活に必ず存在するものであり，抵抗するにせよ服従するにせよ，他者からの命令に応じないでいられる人は，よほど孤立した生活をしている人だけであろう。服従を行動の決定因子として捉えることは，今の時代と特に関連する問題である。1933年から1945年にかけて，罪のない何百万人もの人が，軍部の命令により組織的な大量虐殺を受けた事実が確認されている。ガス処刑室が作られ，死の収容所を見張りが監視し，工場で電気製品を製造するのと同じような感覚で，毎日一定の人数の人が殺されていった。これらの非人間的な政策は，もともとは一人の人間の考えに端を発するものであろうが，多くの人間が命令に服従したからこそ，このような大規模の惨事が発生し得たのである。(p.1)

ミルグラムは最初の一節で，いきなり服従が社会生活の基本的な部分を占めていることに思い至らせ，読者の想像をかき乱す。ミルグラムの本に読者をもっとも引き込ませるものは，悲惨な事実を語りながら，ホロコーストのグロテスクな性質について述べるその淡々とした語り口である。彼は論理的な結論へと誘い，論文の舞台を用意する。

ここまでのところで，おそらく次のような感想をもつ読者もいるだろう。「ミルグラムやボクの著書が自分とどんな関係があるのだろうか。両者はいずれも博士号をもつ心理学者で，研究論文や学術書を出版するために文章を書いている人たちである。それに対して自分は，ただ講義の単位を得るために，論文を書いているにすぎないのだから。」しかし，読み手の心を捉え，その論文のメッセージへと引き込む文章を書くことの重要性は，活字になって出版される書籍の場合にだけあてはまるのではない。仕事上の手紙のやり取りや，職場での覚え書き，そして求職のための願書といったようなさまざまな文書を用意するときにも，同じようにあてはまる。

　本書の巻末の見本論文の書き出し部分でも，読者の共感を誘うことで，本文の内容に引き込もうとしている。論文の書き出し方には，上であげた以外にも多くのやり方がある。定義から始めることや，逸話を紹介すること（たとえば，奇想天外なコリヤー兄弟の事件），比較のためメタファーを用いたり（ゴミを捨てられない人の例として，コリヤー兄弟の話を取り上げるなど），格言や学者のことばなどを引用したりする（**エピグラム**と呼ばれる）などである。これらは，いずれも書き出し部分を書く時に，よく用いられるテクニックである。書き出しは，読者をその後の内容に誘うというだけでなく，書き手が調子を得て，それ以降の筆運びを滑らかにするといったはたらきも求められる。ジョン・スミスのレヴュー論文の書き出しでは，日常では"知能"ということばがいろいろな意味合いで用いられるのに，心理学者は伝統的に1つの一般知能という見方をしてきた，という逆説的な現状が取り上げられている。ジェーン・ドゥの研究レポートでは，書き出しに興味深い事実をいくつか取り上げて，後に続く〈問題〉セクションの論理，そして彼女自身の研究仮説へと導くように展開している。

▌腰を据えて執筆する

　〈問題〉の部分をなかなか書き出せないでいる場合，この部分を後に回すのも1つの方法である。まず書けそうな部分から手をつけて，考えがまとまってきたところで，後に残しておいた部分を仕上げればよい。文字が何も入力されておらず，カーソルだけが点滅しているコンピュータのスクリーンを目の前にしていると，ネットサーフィンやビデオゲームをしたくなったり，居眠りを始めたり，話し相手を求めてうろつきたくなる。しかしこれらの非生産的な逃避

行動は労力の無駄遣いにほかならず，執筆を**終えた**自分へのご褒美として，後にとっておいたほうがよい。

以下に，論文執筆をなるべく円滑にするための，一般的なコツをいくつか紹介しておこう。

- ◆ 執筆は静かで明るい照明の部屋で行い（部屋が暗いと眠くなってしまう），2時間ごとに休憩を取るようにする。締切りに追われていて焦っていたとしても，自分の考えを整理して論文の軌道修正を図るためにも，休憩を入れることは大切である。
- ◆ 休憩時には，できれば屋外へ散歩に出るのがよい。新鮮な空気を吸えば元気が出るし，環境が変われば，これまで書いた内容やこれから書きたいことを冷静に見つめ直して修正することができる。
- ◆ 執筆が佳境に入ってきたところで，もし突然に誰かに呼び出されて席を立つような場合，頭の中にあるフレーズや書きかけの単語を手早くメモしておいて，戻ってきたらすぐに作業に復帰できるようにしておく（席を離れる前にコンピュータにデータを保存することも忘れないように！）。
- ◆ その日の作業を切り上げるときには，難しくてなかなか手がつけられずにいる箇所で作業を終えるようにするとよい。翌日，フレッシュな気分でその箇所に取りかかると，思わぬ新しいアイディアが生まれて，思ったよりも簡単に問題を乗り切れることがある。
- ◆ 初稿が完成したら，1日程度の時間を置いてから冷静に見直してみる。そうすると，これまで見えていなかった問題点が見つかり，よりよい推敲につながる。

▶ 執筆と論文発表における倫理

学術的分野における論文執筆のもっとも基本的な倫理的原理は，仕事のどのような側面においても誠実であれということである。もしあなたが実証的な研究を行った成果を発表しようとしているのであれば，実験や調査の手続きや新しく得られた事実，それらの知見を一般化する上での制限や限界点，そして結果の解釈に至るまでの，研究プロジェクトのあらゆる点について，正直に報告しなくてはならない。手の込んだ不正行為の代表的なものに，データの改ざん

と，結果の捏造がある。改ざんや捏造を行った研究者の職歴には，取り返しのつかない傷が残るのと同様に，このような行為をはたらいた学生にも，厳しい処分が下されるだろう。

　実験結果に対する解釈を故意に歪曲して記述することも，非倫理的な行為である。これにはロバート・ローゼンタールの言う**過剰解釈**（hyper-claiming）と**不当な因果づけ**（コージズム：causism）がある。たとえば，"その効果 (the effect of)"や"その影響 (the impact of)"，"その結果 (the consequence of)"，"結果として (as a result of)"などといった表現は，そこに因果関係が存在することを前提とした表現である。しかし，研究計画が因果関係をはっきりと示すことができるように配慮されたものではないにもかかわらずこういう表現を用いたとしたら，過剰解釈をしていることになる。これを避けるためには，"に関係していた (was related to)"や"から予測されうる (was predictable from)"，"から推論されうる (could be inferred from)"などといった，適切な表現を用いることである。コージズムは，もし作者がその問題に気づいていたとしたら明らかな不正行為であるし，気づかないでいるとしたら，それは作者の無知や怠慢を反映しているとローゼンタールは論じている。

　論文執筆において誠実であるということには，謝意を表すべき人にきちんと謝意を表すということも含まれている。もし指導教員やティーチング・アシスタント，あるいは他の誰かに重要な支援をしてもらったならば，そのことについて本文中や脚注できちんと謝辞を述べなくてはならない。あなたの研究が後にあなたの指導教員が書いた論文の一部に使われることがあるかもしれないが，自分の名前が共著者の一人に含まれるか，あるいは謝辞の中に含まれるかは，あなたがその研究にどのくらい貢献したかに応じて判断されることになる。もしその論文が実質的にほとんどあなた一人の研究成果に基づいたものであれば（博士論文や修士論文など），通常は共著者として，貢献度が大きければ筆頭著者として，あなたの名前が掲載されることになるだろう。

　別の重要な倫理規範の1つは，データの再分析を希望する他の研究者に，データを提供することに関するものである。研究参加者の機密保護が徹底されていて法律上の権利に触れない限りは，心理学者は自分が得た実証データを，競争相手である他の研究者からの要望があれば，いつでも提供できるようにしておくことが求められている。このため指導教員は，学生のレポート提出時に分析に用いたローデータもあわせて提出するように要求することがある。もしあなたの研究において，研究参加者の機密情報の扱いに不安な点があれば，それ

らの情報をどのようにコード化すればよいかについて指導教員に質問すればよい。

次に，多くの指導教員がもっとも懸念している盗作という問題について論じることにしたいが，その前にもう1つ指摘しておかなければならない規範がある。それは，すでに出版されたり発表されたりした研究結果のデータを，新しいものと偽って発表してはいけない，ということである。もし既存のデータを用いるのであれば，研究者はそのことを明示し，出典を明らかにする必要がある。その理由は，もし同一の研究知見が別々のかたちで発表されていたとすれば，一方の発表は他方の追試で，そこからも同様な結果が得られたのだと，他の研究者に受け止められる可能性があるからである。これに関連して，学生がレポートを作成する場合，同じ内容のレポートを複数の異なる講義で提出することは許されない。しかし，ある講義では文献研究のレポートを提出し，別の講義ではそのレポートをさらに発展させたものを提出するということは，指導教員の承諾があれば認められるかもしれない。

▌ 盗作を回避する

集中ライティングコースを担当する指導教員の悩みの種は，盗作の意味と，盗作が発覚した場合の結果について，学生にいかに伝えるかということである。盗作（plagiarism）ということばは，ラテン語で"誘拐"を意味することばに由来し，他人のアイディアや作品を盗んで自分の作品として発表する行為を意味する。学生にとっては，どのような行為が盗作に当てはまり，もしそれが発覚した場合にどのようなペナルティが課せられるかについて知っておくことが重要である。盗作するつもりはなかったという言い訳は通用しない。簡単に言うと，他人の作品を盗んだりインターネットを通じて入手したりして，それを自分の作品のように見せかけることは間違った行為であり，もし盗作の事実が明らかになれば，単位や学位取得の機会を失うことにつながる。

ちなみに，盗作を防ぐのは簡単である。他人の文章を引用する際には，問題となる一節を注意深く自分のことばで言い換えるように努めればよい（出典を正確に引用することも忘れてはならない）。あるいは，他人の文章を一字一句正確に引用した上で，その範囲を引用符で囲むようにする（当然のことであるが，出典元をページ番号とともに明記する）。もし引用部分が長ければ（英単語にして40単語以上），先述したボクやミルグラムの著書からの引用部分にみ

られるように，引用部分を引用符で挟むことはせずに，引用部分全体の左右を**インデント**して表記するようにする（左右の端にインデントをとり，最後のピリオドの後には出典元のページ番号をカッコに入れて記載する）。

　盗作の例とそれを回避する方法を示すために，ある学生がシセラ・ボクの本から嘘をつくことに関する次の一節を，後で引用するため書き写したとしよう。

> 他人を騙すことと暴力をふるうこと——これらはいずれも人間がもつ2つの意図的攻撃の形態である。どちらも自分の意思に反して行動するよう強いることができる。誰かを騙すことによる害悪は，暴力をふるうことによって犠牲者に降りかかる害悪とほとんど変わらない。しかし，人を騙すという行為は，具体的な行動をとるだけでなく相手の気持ちや信用を裏切るがゆえに，いっそう巧妙な統制であるといえる。あの屈強な将官オセローでさえ，嘘が元になって，彼自身と最愛の妻デズデモーナの身を滅ぼすことになったのである。(Bok, 1978, p.18)

　もしこの学生がボクの一節を上記のように引用したのであれば，何ら盗作が疑われることはないだろう。なぜなら，引用部分は一字一句原文のままであるし［訳注：本書では翻訳しているので，原書通りではない］，ボクの文章からの引用であることが明示されているし（引用部分全体がインデントされている），また引用元のページ番号もきちんと記載されているからである。問題となるのは，学生が文章のことばをいくつか変えることで原文と少し異なる記述にしたものを，自分で考えた文章として提出する場合である。おそらく誰もチェックしないだろうから，ボクの文献の引用であることを明示しないでもばれないだろう，もし気づかれたとしてもボクの引用だということを「書き忘れた」と言い訳すれば何とかなるだろうと考えて，他人の文献から一部を変更した引用であることを明示せずに，次の一節を自分のレポートの本文に書いて提出したとしよう。

> 他人を騙すことと暴力をふるうこと，これらはいずれも人間がもつ2つの意図的攻撃の形態である。どちらも自分の意思に反して行動するよう強いることができる。誰かを騙すことによる害悪は，暴力をふるうことによって犠牲者に起こる害悪とほとんど変わらない。しかし

ながら，人を騙すという行為は，具体的な行動をとるだけでなく相手の気持ちや信用を裏切るという理由で，いっそう巧妙な統制であるといえる。あの屈強な将官オセローでさえ，嘘が元になって，彼自身と最愛の妻デズデモーナの身を滅ぼすことになったのである。

　これを書いた学生は，成績Aがもらえそうな立派な文章が書けたと思うかもしれないが，この部分と本文中の他の部分とを見比べれば，違いは歴然であり，指導教員はこの不一致に気づくことになる。そして，盗作とみなされた学生は落第することになるだろう。運良く現行犯でつかまらなかったとしても，いつかこのことがばれるかもしれない，と心配しながら学生生活を送らなければならないだろう。

　盗作問題で心すべき別の点を挙げる。ある指導教員がわれわれに以下のように語ってくれた。「他人の文章の一節の言葉尻を少し変えて引用元も示さずに，自分の文章として提出するのはとんでもないことですけど，多くの指導教員が頭を悩ます問題は別にあるんですよ。」この問題というのは，たとえば「Bok (1978) によれば，……」というような書き出しで始まり，以下の内容は引用元の文章を少し変えた以外まったくの引用であることを明示せず，そのまま繰り返すことである。他人の文章の一節を，1語か2語言い換えただけというのは合法的な言い換えではない。盗作である。他の作者の考えを，自分自身のことばや文章構成で表現しなくてはならない。

　もしあなたの言おうとしていることが，他の作者によってより適切に主張されているならば，もちろんその作者の文章を引用するなり言い換えるなりすればよい。ただしその場合，引用であることをきちんと明示する必要があることは言うまでもない。たとえば，盗作とならずにボクの考えを取り入れて書いた一節を以下に例示する。

　　　Bok (1978) は，他人を騙すことと暴力をふるうことは，"自分の意思に反して行動するよう強いることができる" (p.18) と主張している。彼女によれば，人を騙すことは，信頼を裏切るという点でより巧妙に統制するものであるとされる。文学作品を例に挙げて，Bok は以下のように述べている。"あの屈強な将官オセローでさえ，嘘が元になって，彼自身と最愛の妻デズデモーナの身を滅ぼすことになったのである。" (p.18)

出版物の内容を盗作することが許されないのと同様に，電子的な情報の盗作もまた許されない行為である。もし何か利用したい情報をインターネット上で見つけたとしたら，ここでもやはり上述の誠実な対応が必要となる。ある指導教員は，特殊な検索エンジンを用いて，学生が提出したレポートのタイトルやことば遣いが盗用したものであったり，無断で引用されたりしたものではないかを，ランダムにチェックしていると言っていた。ある学生の出したレポートのタイトルをインターネット上で検索したところ，レポートの全体があるウェブサイトにあったという。検索ツールの機能が急速に発展していくにつれて，このような行為をはたらいた学生が逃げおおせる確率はますます低くなるだろう。すでに述べたことの繰り返しになるが，指導教員があなたの研究のオリジナリティに疑問をもった場合，研究ノートや研究概要，草稿などの提出を求めてくることがあるので，これらの資料をきちんと保管しておくべきである。

▶ 怠惰な執筆態度

　他人の文章を引用することそれ自体は，適切に行われている限りは盗作にはあたらないということを聞いた学生のなかには，引用だらけのレポートを提出する者が現れる。しかし，この文章の引用が不可欠だと判断される場合を除いては，レポートのいたるところで長い引用をするのは避けるべきである。では，他人の文章を引用することがふさわしい状況とは，どのような場合だろうか。その一例としては，競合する2つの意見を記述する際に，両者の主張をできるだけ公平に表したいと考えるような場合が，これに当てはまる。また，巧みで説得的な文章表現で書かれた一節を引用することによって，自分の発表内容がよりよいものになると判断されるような場合も，引用が効果的にはたらく例の1つである。

　このように，（もちろん引用元を明記した上で）他者の文章からの引用が望ましい場合もあるが，とくに重要な役割をもたない文章をむやみに引用することは，怠惰な執筆態度の表れと受け止められる。指導教員は，あなたが自分で適切と思う資料を見つけ出して，その内容を吟味した結果導き出された**あなたの考え**が論文に反映されていることを期待する。怠惰な執筆態度は，盗作に匹敵するほどの罰を与えられることはないだろうが，指導教員にこの学生はあまり努力しなかったという印象を与えることは避けられず，低い評価をつけられ

ても文句は言えないだろう。さらに，自分自身のことばで自分の考えを伝えられていないという点で，論文のテーマに対するあなたの理解度が低い，と受け止められても仕方がないであろう。

▶ 文　体

論文を書く際には，心に留めるべき基本的様式がある。それは，文章の**文体**で，自分の考えを表現する際のことば遣いや態度を反映している。尊大なことば遣いや，気取った言い回しは控えるべきである。だらだらと退屈な文章を繰り返したり，美辞麗句を並べたりすることも同様である。心理学分野の学術的な論文や研究レポートを書く際に，適切な文体をとるにはどうすればよいであろうか。この答えを見つける方法は，経験を積むことであると言うほかはない。有名な研究者や学者の書いた論文に多く触れることで，適切な文体とはどのようなものかがわかってくるだろう。

この問題を考える上で，参考となる点をいくつかあげておく。

- ◆ 自分の考えや知見，結論を述べる際には，明確で率直かつ読み手の興味を引くような記述を心がける。ただし感情的な表現は避ける。
- ◆ 堅苦しい言い回しや形式張った表現は避ける（「本著者の意見によれば……」などと書くかわりに，単刀直入に自分の意見を述べる）。
- ◆ しかし，大好きなおばさんにあてた手紙を書く場合のような，くだけた書き方も認められない（「ジョンとスミスが言ったのはこうです……」「そこで研究参加者に言いました……」）。
- ◆ TVやタブロイド紙のレポーターのような，俗っぽく聞こえる表現は控える。
- ◆ 読み手に余計な混乱を与えないように，客観的で直接的な表現に努める（「読者は結果が……であることに気づくだろう」などと書かずに，「結果は……であった」と素直に書けばよい）。
- ◆ 指導教員が認めれば，一人称で記述してもよい。ただし，他の誰かとの共同努力にふれる場合を除いて，自分自身のことを**われわれ**と表現することはしない。
- ◆ くどい言い回しは避ける。有名な論文執筆マニュアルの1つに，ウィリアム・ストランク, Jr.とE. B. ホワイトの『スタイルのエレメント』

(William Strunk, Jr. and E. B. White, *The Element of Style*. Allyn & Bacon, 2000) がある。その著者の一人であるストランク教授は,「不用な単語は徹底的に削除せよ」と忠告している。

▎非性別語

　[訳注：以下のいくつかの文法にかかわるセクションは,主として英語論文の場合である。日本の学部生が英語論文を書く機会はあまりないと思われるが,一般的な英文作成上の知識として,目を通しておくとよいだろう。]

　多くの書き手が,**ことばのジェンダー**の問題に敏感になり始めている。書きことばや会話によるコミュニケーション場面から性的バイアスをなくすべきである理由の1つは,ことばが人びとの思考や行動に影響する可能性があるからであり,固定観念や偏見に力を貸すことにつながりかねないからである。しかし時には,非性別代名詞を用いない十分な理由のある状況も考えられる。たとえば,新しい薬品の治験に参加した被験者が男性のみであった状況を想定してほしい。もし研究者がこの検査の被験者について述べる際に性別のない代名詞を用いたとしたら,読者はこの治験結果が男女両方の被験者にあてはまると誤解して受け止めるだろう。

　大事なことは,書く前によく考えることである。ヴァル・デュモンドは彼女の本『非性別語使用の基礎』(Val Dumond, *The Elements of Nonsexit Usage*, Prentice Hall, 1990) の中で,man ということばが過剰に使われているとして次のように指摘している。「このことばが使われるとき,心の中にそのことばのイメージが形成される。同時に,そのイメージは解釈者にとっての概念的な意味を表す。したがって,man ということばが用いられる場合に女性のイメージは喚起されず,man ということばが女性の人間を意味するということにはなりえない。」(p.1)

　性別語の使用が問題視され始めた当初は,書き手たちは s/he や he/she といった新造語を用いることで,この問題を避けようとした。このような表現はぎこちないだけでなく,扱っている対象者が男女どちらかの性別に限られている場合には,両性を含むと読者に誤解を与えることになりかねない。また,以下に述べる例文のように,一方の性に偏らない表現を考慮して,単数形の代名詞〈he〉の替わりに,あえて複数形の代名詞〈they〉を用いる場合がある。

"When a *person*（単数形）takes an idea from a published source, *they*（複数形）must cite that source appropriately."〔ある人が印刷物からアイディアを得た場合には，彼らは引用元を明示しなければならない。〕この例文の主語は単数形であるのに，複数形の代名詞〈they〉でそれを受けるのは文法的に誤っている。この場合の許される選択肢の1つは，〈they〉という代わりに〈she or he〉と記述することである（"When a *person* takes an idea from a published source, *she or he* must cite that source appropriately"）。また，主語を複数形にしてしまうというのも1つの方法であろう（"When *people* take an idea from a published source, *they* must cite that source appropriately"）。

一般的に言って，性的バイアスを与えるおそれがある男性名詞や男性形容詞には，注意せよということが言えるだろう。この点については，2つの簡単なルールがある。

◆ 男女両性に触れる場合は，複数形の代名詞を用いる。たとえば "He did ……" とするかわりに "They did ……"，"…… to him." とする替わりに "…… to them."
◆ 必要あるときは，男性代名詞や女性代名詞を用いる。たとえば，男性の被験者のみを対象とした研究について言う場合には，男性代名詞だけを用いるのが適切である。

▸ 能動態と受動態

動詞の表現形式には，能動態と受動態の2種類がある。**能動態**は，主語の対象が何らかの行為を行う状況を表現する場合に用いられる（"The study participant responded by ……"「実験参加者は……によって反応した」）。**受動態**は，主語の対象が何らかの作用を受けている状況を表現する場合に用いられる（"The responce was made by the study participant"「反応が実験参加者によってなされた」）。

主として能動態を用いるようにすることで，力強く説得力のある文体になる。

能動態（良い例）

Eleanor Gibson (1988) argued that perceptual development in humans is "an ever-spiraling path of discovery" (p.37).

〔Eleanor Gibson（1988）は，人間の知覚的発達は"どこまでも螺旋状に続く発見の道筋である"と論じた（p.37）。〕

受動態（あまり良くない例）

It was argued by Eleanor Gibson (1988) that perceptual development in humans is "an ever-spiraling path of discovery" (p.37).

〔人間の知覚的発達は，"どこまでも螺旋状に続く発見の道筋である"とEleanor Gibson（1988）によって論じられた（p.37）。〕

ここに引用した一節は，引用文の効果的な用い方を考える上でも参考になる。学生が引用文としてこの文章を選んだ理由は，この文章がとりわけ表現力に富み説得力がある，と判断したからである。もし引用ではなく，自分のことばで言い換えた場合，ギブソンの文章の表現力や説得力を色あせることなく読者に伝えることはできないだろう。また，エレノア・ギブソンのような著明な専門家のコメントを引用することで，この学生が議論を展開する上で重みを加えることにもなる。

▎動詞の時制

論文中における動詞の時制の扱いは，以下の基本的な規則に従わなければ，混乱を招くことになる。

- ◆ 過去に行われた研究の記述には**過去形**を用いる（"Jones and Smith *found* ... "「ジョーンズとスミスは……を**見出した**」）。もし研究レポートを書いているのであれば，あなたの研究は執筆の時点ですでに完成しているはずなので，方法と結果のセクションは，通常過去形で記述する（"In this study, data *were* collected ... "「本研究では，データが収集**された**……」"In these questionnaires, there *were* ... "「これらの質問紙の内容は……**であった**」）。
- ◆ 用語の定義には**現在形**を用いる（"Multiplex, in this context, *means* ... "「この文脈でいうところの複合的とは……を**意味する**」"A stereotype *is* defined as ... "「ステレオタイプとは……として定義**される**」）。また，現在形は一般的な仮説や主張を記述する際にもしばしば用いられる

("Winter days *are* generally shorter than summer days"「冬の日照時間は一般的に夏の日照時間よりも**短い**」)。
- ◆ **未来形**は，考察のセクションで研究の今後の課題を述べる際に用いることができる（"Future research *will be* necessary ... "「今後の研究では……が必要で**あろう**」)。しかし必ずしも未来形を用いる必要はなく，現在形を用いてもよい（"Further investigation *is* warranted ... "「今後の調査では……が必要で**ある**」)。

上述のリストの例文の末尾に，... が書かれているのに注目してほしい。この ... は**省略記号**（ellipsis mark）と呼ばれ，ここでは文章がさらにあることを意味している。一般的なルールでは，省略記号は引用文の末尾にはつけないことになっているが，上記の例では省略記号を紹介するために，あえて文末に用いた。省略記号は，普通は長い引用文の中間部分で，いくつかの単語ないし文章を省略したことを示すために用いられる。

◤ 主語と動詞の一致

各文が完結した意味をもっており，**主語**（一般的なことばで言えば，行為の主体となる人や物を指す）と**動詞**（遂行される動作やその状態を指す）を含んでいることを確認するようにする。

主語と動詞を一致させる
> The study participants [subject] were [verb] introductory psychology students who were fulfilling a course requirement.
> 〔研究参加者（主語）は，単位取得の要件を満たすために参加している心理学入門を受講している学生であった（動詞）。〕

主語が複数形（study participants）なので，動詞の形態も複数形に対応したものとなる（were）。このように，主語と動詞の形態を一致させることは，英語文法の基本的なルールである。ほとんどの文形式ではこのルールを守ることは難しいことではないが，文章によっては難しいことがある。以下では，そのような場合に役立ついくつかの対処法を述べる。

- ◆ **集合名詞**（集団の名称など）は，単数形と複数形の両方の形態をとり得る。たとえば，〈committee（委員会）〉，〈team（チーム）〉，〈faculty（教職員）〉など。集団を1つの単位としてみなすのであれば，単数形にする（"The union *is* ready to settle"「労働組合は和解する構えである」）。集団の構成員について言う場合には，複数形を用いる（"The faculty *were* divided on the issue"「この問題に関して教職員の意見は分かれた」）。
- ◆ たとえば以下の例文のように，主語と動詞の間に挿入句が存在する場合には，混乱が生じるおそれがある。（"Therapy ［主語が単数形］, in combination with behavioral organic methods of weight gain, exemplifies ［動詞の単数形］ this approach."「セラピーは，体重増加の行動的器質的諸方法との組み合わせにおいて，このアプローチを代表するものである」）この文章を次のように書くのは文法的な誤りとなる。"Therapy, in combination with behavioral organic methods of weight gain, exemplify ［動詞複数形］ this approach."
- ◆ 次に挙げる単語 each, either, everyone, someone, neither, nobody の後ろには，**単数形**の動詞がくる。"When everyone is ready, the experiment will begin."「全員用意ができたら，実験が始まるだろう。」この文章は正しい用法である。

■ 用法上の誤り

同音異義語の混同

　指導教員は学生の論文中に，しばしば単語の用法上の誤りを目にする。本書の巻末に，accept と except といったように，互いに発音がよく似ているために間違えやすい単語対のリストが記載されている（**同音異義語**）。ワードプロセッサーのスペルチェッカーでは，この種の誤りは検出されないだろう。流し読みするだけではこの種の間違いになかなか気づかないので，学生には論文を提出する前に，自分の書いた文章を声を出して読み上げるよう薦めている指導教員もいる。

　また，affect と effect は，どちらを用いるべきか混乱しやすいことばである。これは，たとえ声を出して文章を読んだとしても，解決されない問題である。しかしながら，以下に述べるいくつかのヒントが，この問題を解決するのに役立つだろう。

◆ 多くの場合〈effect〉は"結果"を意味する名詞である（"Aggression is often an effect of frustration"「攻撃は多くの場合フラストレーションの結果である」）。これに対して affect は，"影響する"という意味の動詞である（"The level of frustration affects how a person behaves"「フラストレーションのレベルが，人がどう行動するかに影響する」）。
◆ しかしながら，effect は"もたらす"という動詞の意味をもつこともある（"The clinical intervention effected a measurable improvement"「臨床的介入が相当の改善をもたらした」）。
◆ また affect は"情動"という名詞としての意味をもつ場合がある（"Several of the patients participating in this clinical trial exhibited positive affect"「治療実験に参加している患者の何人かが，肯定的な情動を示した」）。

単数形と複数形の誤った用法

もう1つのよく起こしやすい用法上の誤りに，見慣れた単語であっても，その単数形と複数形を間違って使ってしまうことがある。以下のリストは，いつくかの単語について，正しい単数形と複数形を示したものである。

	〈単数形〉	〈複数形〉
分析	analysis	analyses
異常	anomaly	anomalies
付録	appendix	appendixes もしくは appendices
基準	criterion	criteria
データ	datum	data
仮説	hypothesis	hypotheses
現象	phenomenon	phenomena
刺激	stimulus	stimuli

たとえば，phenomenon と phenomena とを混同している誤りが，頻繁に認められる。"This［単数形代名詞］phenomena［複数形名詞］is［動詞の単数形］of interest."（「この現象が当該の関心である。」）この文は誤りであり，正しくは"This phenomenon is ..."もしくは"These phenomena are ..."となる。

また，data や media といった単語はしばしば単数形だと思われているが，よほど明確な理由がない限り，無難なほうを選択するほうがよい。多くの場合，data や media は複数形とみなすほうが無難である。したがって "The data［複数形の主語］indicates［動詞の単数形］..." や "The data shows ..." といった表現を用いるのは危険であり，"The data indicate ..." や "The data show ..." と書くほうが無難であるということになる。

between と among

従来，between と among の使い分けも混乱の元となってきた。2つの事柄を参照する際には between を，3つ以上の事柄を参照する場合には among を使うように教えられてきた。しかしながら，この区分はいささか時代遅れのように思われる。たとえば，分散分析（ANOVA）では，比較条件が3つ以上存在する場合でも，"between sum of squares"（平方和間）や "between mean square"（平均平方間）といった用法が慣例的に用いられている。ウェブスター辞書（第 10 版および第 11 版）でも，これらのことばの上述の区分法の妥当性については否定されている。

接頭語

心理学用語における**接頭語**の用法に関しても，しばしば混乱がみられる。

- ◆ 接頭語の inter- は"～の間"を意味するのに対して，intra- は"～の内部"を意味する（たとえば interpersonal は人と人の間すなわち個人間，intrapersonal は個人内を意味する）。
- ◆ 接頭語の intro- は"内側へ"や"中へ"といった意味をもち，extra- は"外の"や"範囲を超えて"といった意味をもつ。心理学用語の introvert は内向型，extravert は，外向型のパーソナリティを指している。
- ◆ 接頭語の hyper- は"異常に高い"，hypo- は"異常に低い"という意味をもつ。したがって，hypothyroidism は甲状腺の機能低下，hyperthyroidism は甲状腺の機能亢進を意味することになる。また，hyperactive な子どもは，極度に活発な子どもということになる。

参加者（participants）か被験者（subjects）か

厳密には誤りとはいえないが，アメリカ心理学会はもはや，研究に参加した

人のことを**被験者**と表現することを推奨していない。アメリカ心理学会が発行する以外の雑誌では，依然として被験者という用語がよく見かけられるが，この用語の使用に異議を唱えている人たちは，人間は活動的な動作主体であり自らの意志で反応を起こすのに，被験者ということばは受身的で不明瞭な印象を与えるのでふさわしくないと考えている。アメリカ心理学会は，**被験者**に代えて**参加者**ということばを一般的な用語として用いることを推奨しているが，研究に参加した人の性質や役割に応じて**回答者**（respondent），**子ども**（children），**患者**（patients），**クライエント**（clients）といった，より特定的な表現を用いるように努めるべきであろう。しかしながら，まだ多くの実験心理学者が**被験者**という用語を好んでいるので，本書では被験者と参加者の両方の用語を用いている。

▲ 数　詞

　アメリカ心理学会の定める形式にそって，正しく数詞を記述することはなかなか厄介である。アメリカ心理学会の方針では，原則的に1桁の数字は英単語で記入し（one, two, three, four, five, six, seven, eight, nine），2桁以上の数は算用数字（10, 20, 30, 40）で記入することを薦めている。しかしながらこの規則にも例外がある。以下では，数の記述に際して，上述のいずれの形式を採るかを決める際の助けとなる，いくつかのガイドラインを紹介する。

- ◆ 文頭に数字が来ることは推奨されないが，やむを得ずそうなる場合は，数字を綴りで記載する（"Twenty-nine students volunteered for this study"「二十九人の学生がこの研究に志願した」や "Fourteen percent of all the participants responded in the affirmative"「全参加者の十四パーセントが肯定的に反応した」）。
- ◆ 句や文の中で単語として表される数字は，綴りで記載する（たとえば "two-tailed test"（両側検定）や，次の文など。"Only a dozen participants out of 950 refused to go further in the study"「研究にさらに参加するのを拒んだのは950人中1ダースの参加者のみであった」）。
- ◆ 綴りで記した方が，数字の0や1より読者に理解しやすい場合には，zeroやoneと記載する（"zero-sum game"（ゼロ和ゲーム）や "one-word response"（一語反応））。

- ◆ 1桁の数字が他の数詞の一部として記載される場合は，算用数字を使う（たとえば "5 of the 25 participants failed to answer this question"「参加者25人中5人がこの質問に答えられなかった」）。
- ◆ 尺度単位が直後に続く場合は，数字の桁数にかかわらず，すべて算用数字を使う（3cm や 9mg など）。
- ◆ 年齢や時間の単位（4-year-old, 3 months, 2 days, 9 minutes），尺度単位が列記される場合（1 million, 3 %），引用文献リスト中の数字（pp.4-6, 2nd ed., Vol. 4）には，算用数字を用いる。
- ◆ よく知られている表現では，一般に認知されている表記のほうを用いる（the Ten Commandments「モーセの十戒」）。

アメリカ心理学会は，単数形と複数形の数詞の書き方や，桁数が大きい数詞の書き方，度量衡の測定単位の記載の仕方などに関しても規定を定めている。

- ◆ 数詞を複数形にして記載する場合には，アポストロフィをつけずに 's' を数詞の語尾に付加する。したがって，1990 の複数形は 1990s，20 の複数形は 20s となる。
- ◆ 桁数が大きい場合，3桁ごとにコンマを挿入する（1,000,000）。ただし，ページ番号（page 1225）や2進数表記（001001），シリアルナンバー（345789），自由度，小数点以下の数字（2,300.1357）の表記は，この例外にあたる。
- ◆ 度量衡の測定単位の記載にあたっては，メートル法を用いる。たとえば1フィートは .3048 m（m の後にピリオドは不要。もしくは meter とも書く），1インチは .0254 m に換算する。混乱を避けるために，小数点の前に 0 を置く（0.3048 m や 0.0254 m）。

◤ さらに句読記号について

ピリオド

数字の記述におけるコンマの使い方以外にも，論文執筆においては句読記号の使用法に関する規則がある。上述したようにメートルを意味する記号 m の後ろにはピリオドは打たない。これは，アメリカ心理学会が定める，記号の後にはピリオドを打たないという様式に従っている。ただし記号が文末に来る場

合にはピリオドを打つ（平叙文の文末は常にピリオドで終わる）。以下に示すラテン語（イタリックで示した）の省略形のように，度量衡単位以外の省略形にはピリオドを打つ。

cf.	*confer*	（比較する）
e.g.	*exempli gratia*	（たとえば）
et al.	*et alia*	（およびその他）
et seq.	*et sequens*	（以下参照）
ibid.	*ibidem*	（同じ箇所に）
i.e.	*id est*	（すなわち）
op. cit.	*opere citato*	（前掲書中に）
viz.	*videlicet*	（すなわち）

　もし，論文中で何度も eg.や et. al.などと書いているとしたら，それはこれらの用語の意味を知らないということを指導教員に宣言しているようなものである。なぜなら，e.g.は1つの単語ではなく2つの単語の省略形だからである。もし eg.と書いてしまうと，この用語を1つの単語だと誤って理解していることを，自ら周囲に知らせていることになる。また，et の後にピリオドを打つと，これを単語の省略形だと誤って認識していることを指導教員に知らせることになる。この et は省略形ではなく，れっきとしたラテン語の単語である。

　APA マニュアルでは，これらのラテン語の省略形はカッコ内か表の中だけに限定し，それ以外の箇所では省略形ではなく略さずに表記するように求めている。ただし et al.はその例外とされている。例として "for example" という表現を使う場合，以下の文のように，"e.g." と略記しカッコ内に入れる。

　　Hernstein and Murray's（1994）book was widely debated（e.g., Andery & Serio, 1997; Andrews & Nelkin, 1996; Carroll, 1997）.
　　Hernstein and Murray（1994）の本は多くの論争を引き起こした（e.g., Andery & Serio, 1997; Andrews & Nelkin, 1996; Carroll, 1997）.

カッコ内以外で用いるときは，省略形ではなく略さずに表記する。

　　Hernstein and Murray's（1994）book was widely debated; see, for example, work by Andery & Serio（1997）, Andrews & Nelkin（1996）, and Carroll（1997）.

ただし et al. に関しては，引用文献リストや本文中で用いられるときも，カッコ内に入れる必要はない。

最後にピリオドを打つ省略形には，英単語の省略形もある。

anon.	*anonymous*	（匿名の）
ch.	*chapter*	（章）
diagr.	*diagram*	（図式）
ed.	*editor* もしくは *edition*	（編者もしくは版）
fig.	*figure*	（図）
ms.	*manuscript*	（原稿）
p.	*page*	（ページ）
pp.	*pages*	（ページの複数形）
rev.	*revised*	（改訂された）
v.	*versus*	（〜対〜，判例の引用）
vol.	*volume*	（巻）
vs.	*versus, against*	（〜対〜，〜に対して）

用語の省略形を用いる場合は，上述のよく用いられる省略形を除いて，原則として初出時にはつづりを略さずに書く。たとえば，巻末の見本のレヴュー論文で，ジョンは "... the psychometric idea of a general trait（g），" と書いている。ここでは g が a general trait の省略形であることを読者に伝えている。もしあなたが何度も繰り返して reaction time という用語や Humboldt Upside-Down Test という検査に触れるのであれば，用語の初出部分で "reaction time（RT）" や "the Humboldt Upside-Down Test（HUDT）" のように記述し，以降の部分で再度同じ用語を使う場合には RT や HUDT というように省略形で表す。

アメリカ心理学会の規定では，『ウェブスターカレッジ英語辞典』（*Webster's Collegiate Dictionary*）に省略形のまま記載されている用語は，初出時でも，そのまま用いてもよいことになっている。たとえば，IQ や REM，AIDS，HIV，ESP といった用語がこれに該当する。

コンマとセミコロン

数字の記述におけるコンマの用法に関してはすでに述べたが，**コンマ**の用法には，以下に示すように，他にもいくつかの種類がある。

◆ 3つ以上の項目が連続して記載される場合に，各項目を分けるためにコンマを用いる（"Smith, Jones, and Brown" や "high, medium, and low scores"）。

◆ 導入句と本文を分ける際に，コンマを用いる（"In another experiment performed 10 years later, the same researchers found ..."「10年後に行われた別の実験で，同じ研究者たちは……」）。

◆ 本文の内容に付帯する事項や本文の内容を修飾する句を挿入する場合に，コンマでその部分を挟む（"This variable, although not part of the researchers' main hypothesis, was also examined"「この変数もまた，実験者の主要な仮説には含まれていないが，吟味された」）。

◆ 独立節をつなげる等位接続詞（and, but, or, not, yet）の前には，コンマを打つ（"The subject lost weight, but he was still able to ..."「被験者は体重を減らしたが，しかし彼は依然として……」）。

よく見受けられる間違いの1つに，重文の中に2つの完全な節が含まれる場合に，それらの節同士をつなぐ however, moreover, therefore といったことばの前にコンマをつけてしまう誤りがある。たとえば "The participants voiced no concerns, however, it was quite obvious that they were uncomfortable"「参加者は何の懸念も表明しなかった，しかしながら，彼らが不快に思っていたことは明らかであった」という文章は，完全な文章からなる2つの節を含んでいる。この場合，however の前にはコンマを打たずに**セミコロン**（;）を打つべきである。あるいは，この重文を2つの文章に分けて記述するのもよいだろう（"The participants voiced no concerns. However, it was quite obvious that they were uncomfortable"「参加者は何の懸念も表明しなかった。しかしながら，彼らが不快に思っていたことは明らかであった」）。また，however のかわりに，接続詞の but を用いるという手もある。この場合，but の前にはコンマが打たれる（"The participants voiced no concerns, but it was quite obvious that they were uncomfortable"）。

セミコロンは，原則として，2つの節の内容が似ている場合に，その類似性

を強調したり，もしくは対比したりする際に用いられる。以下にセミコロンの適切な用法の例を示す。この例文では，セミコロンが類似した事柄を述べている2つの節をつなげている。

> Anorexia nervosa is a disorder in which the victims literally stave themselves; despite their emaciated appearance, they consider themselves overweight.
> 〔拒食症は患者が文字通り，自らを飢えさせる病気である；患者は，そのやせ衰えた外見にもかかわらず，自分は太りすぎていると考える。〕

しかしほとんどの場合，このような長い文章は，2つの文に分割した方がより明瞭になる。

> Anorexia nervosa is a disorder in which the victims literally stave themselves. Despite their emaciated appearance, they consider themselves overweight.

コロン

一般的に，**コロン**（：）は，その後にリストや補足事項が続くことを示すために用いられる。コロンの役目は，読者に"以下に続く内容に注目せよ"ということを伝えることにある。

次の例は，以下にリストが続くことを示すためにコロンが用いられている。

> Subjects were given the following items: (a) four calling birds, (b) three French hens, (c) two turtle doves ...
> 〔被験者は以下のものを与えられる：(a) 4羽のさえずる小鳥，(b) 3羽のフランスのメンドリ，(c) 2羽のキジバト……〕〔訳注：クリスマス・キャロル，*The Twelve Days of Christmas* の一節〕

ジェーン・ドゥの研究レポートのタイトルは，"以下に副題が続く"ことを示すためにコロンが用いられる例である。また，次の文は，補足にコロンが用いられるもう1つの例である。

Gardner (1983) postulated two forms of the personal intelligences: interpersonal and intrapersonal intelligence.

〔Gardner (1983) は，2つの形態の個人的知能を仮定した：個人間および個人内知能である。〕

コロンの用法には，さらに別のものがある。これについては，巻末の2つの見本論文の引用文献リストを参照してほしい。"Belmont, CA: Wadsworth" や "Boston: McGraw-Hill", "Upper Saddle River, NJ: Prentice Hall", "Mahwah, NJ: Erlbaum." などのように，本が出版された地名と出版社名の間にコロンが打たれている。引用文献における句読記号の用法に関しては，次章でさらに述べる。

▌ 引用文における記号

引用文で用いられる省略記号（...）はいくつかの単語が意図的に省略されていることを示す，ということについてはすでに述べたが，ある単語がブラケット（[ ]）に挟まれているのを引用文で目にすることがある。このブラケット内のことばはもとの引用文にはなく，この文を引用した著者が補ったことばであることを示している。たとえば，原文を中途から引用したために，引用文が文法的に正しくない表現になってしまったり，意味が曖昧になってしまったりする場合，ブラケット内にいくつかのことばを補足することで，これらの問題を修正できる。

引用文の範囲を引用符で囲むことの重要性については，先に述べたとおりである。ただし引用文が40語以上の単語を含む場合は引用符をつけずに，引用文の両端をインデントして記載する。しかしながら，もし長い引用文の中に，さらに別の文からの引用文が存在するような場合は，たとえば以下に示す例文のように，その範囲を**二重引用符**（"..."）で囲む。

What practical implications did Rosenthal and Jacobson (1968) draw from their research findings? They wrote:

As teacher-training institutions begin to teach the possibility that teachers' expectations of their pupils' performance may serve as self-fulfilling prophecies, there may be a new expectancy created. The new expectancy may be that children can learn more than had been believed possible, an expectation held by many educational theorists, though for quite different reasons.... The new expectancy, at the very least, will make it more difficult when they encounter the educationally disadvantaged for teachers to think, "Well, after all, what can you expect?" The man [sic] on the street may be permitted his opinions and prophecies of the unkempt children loitering in a dreary schoolyard. The teacher in the schoolroom may need to learn that those same prophecies within her [sic] may be fulfilled; she is no casual passer-by. Perhaps Pygmalion in the classroom is more her role.（pp. 181-182)

[訳注：上記は，英文における引用文中の句読記号の表記法を説明した箇所であるため，原文をそのまま載せた。日本語の場合は，下記のように，" "でなく「　」『　』を使用することもある。[sic] は [ママ] などと表記される。以下に，上記の訳をつけておく。]

　Rosenthal and Jacobson（1968）は，彼らの研究知見からどのような実際的意味合いを引き出したであろうか。彼らはこう書いている：
　　教師養成大学において生徒の成績に対する教師の期待が自己成就予言としてはたらく可能性について教えられるようになると，新たな期待が生まれるかもしれない。この新しい期待とは，子どもはこれまで可能と思われていた以上に学ぶことができるというものであるだろう。その理由はまったく異なるものの，多くの教育理論家が抱いていた期待である … この新しい期待は，少なくとも，教師が教育に困難をかかえる子どもに出会ったときには，ずっと難しいだろう。「まあけっきょく，何を期待できる？」路上生活している男 [ママ] に彼の意見を言わせれば，だらしない子どもが退屈な校庭をうろついているとこうなるのさと予言するだろう。学校の教師は，彼女 [ママ] の中のこの同じ予言が成就されるかもしれないことを学ぶ必要がある。彼女はたんなる通りがかりではない。おそらく学級のピグマリオンは，彼女の役割以上なのだ。(pp.181-182)

　引用文が40語よりも少ない単語で構成される場合は，引用文を二重引用符

で囲んで本文中に挿入する。この際の引用文中にさらに引用部分がある場合は，次の例文のようにその部分を**一重引用符**（'...'）で囲む。

> Participant B responded, "My feeling about this difficult situation was summed up in a nutshell by Jim when he said, 'It's a tough job, but somebody has to do it.'"
> 〔参加者Bは答えた，「この困難な状況に私が感じたことは，ジムの『難しい仕事だ。しかし誰かがやんなきゃならない。』というひと言に集約されています。」〕

また上記の例文は，ピリオドは，引用符の**内側**にくることを示している。これはコンマの場合も同様である。しかしコロンやセミコロンは，引用符の**外側**に打たれる。

上述の "As teacher-training institutions …" で始まる長い引用文の終わりの部分には，この文章が引用元のローゼンタールとジェーコブソンの著書の何ページに書かれているかが記されている。また，ブラケット内に *sic*（ラテン語で "thus [原文のまま]" という意味［日本語では，（ママ）などと表記される］）ということばが，2箇所に挿入されている。これは，当該の部分は不自然な表現や誤った表現だと判断されるが，原文のまま引用したということを示している。上述の例文のように，引用文中で非性別語が用いられるべきところに性別を特定する語が使われている場合，この点をはっきり示すために *sic* ということばをブラケットで囲ってその用語の後ろに挿入するとよいだろう。しかしだからといって，すべての性別を表す用語の後に *sic* を挿入しているわけではないことに注意してほしい。上述の引用文中の最初の〈彼〉には *sic* が挿入されていない。この〈彼〉が直前の「路上生活している男」を受けているからである。同様に次の文章中の女性代名詞〈彼女〉も指示対象が「彼女の中」であるため，*sic* は挿入されていない。

▌修正と推敲

次章では，最終原稿を作成する際に留意すべき詳細について述べる。修正と推敲は，草稿が完成してからすぐに行わないで，しばらく経ってからやるとうまくいく。しばらく時間をおくことで（理想的には24時間以上），批判力が鋭

敏になる。構文の誤りや論理の逸脱，その他の問題点が自然に浮かび上がってくるようになり，これらの修正も容易になる。

　原稿を再読し文章を推敲する際には，以下の点に気をつけるとよい。

- ◆ 簡潔にする。
- ◆ たくさんの異なる考えが詰まった長い段落は分解して，その段落の論旨に一貫性を持たせる。
- ◆ 具体的に書く。
- ◆ 語調ではなく，意味に基づいてことばを選択する。
- ◆ 句読記号を，再確認する。
- ◆ シンプルなことばで置き換え可能であれば，難しい用語は用いない。
- ◆ 冗長にならない（たとえば "most unique"（最も唯一の）は冗長）。
- ◆ スペルミスで，原稿を台無しにしない。
- ◆ 語のつづりに自信がないときは，ワードプロセッサーのスペルチェック機能を利用する。それでも曖昧な答えしか見つからない場合は，辞書で確認する。

　もしワードプロセッサーを使うのが初めてであれば（あるいは，新しいワードプロセッサーのソフトを学習中であれば），最初にデータの保存の仕方やバックアップの取り方を確認すること。よいシステムなら，データ保存やバックアップの作業を定期的に自動で行ってくれる。ただしどれくらいの時間間隔でこれらの作業を行うかについては，使用者が指定する必要がある。突然停電になったり，誰かがふざけて，もしくは誤って押してはいけないキーを押してしまったり，あなた自身がうっかりして変なキーを押してしまったりして，苦労した仕事が水の泡になってしまうことがある。これは体験してみないとわからないだろう。

　バックアップは，コンピュータのハードディスクだけでなく，フロッピーディスクやZIPディスク，CDなどにも残しておくべきである。また，数日おきにデータを紙に印刷することを習慣にするのもよいだろう。紙に印刷された文章を眺めることで，レイアウトの確認と修正がしやすくなる。また，紙面を目で追っていると，スクリーンでは気づかなかったスペルミスや，理解しにくい言い回しも目に飛び込んでくることがあり，文章の推敲にも役立つ。

第8章
最終原稿を仕上げる

この章では，原稿を仕上げるためのガイドラインと，いくつかの秘訣を述べる。最終原稿のレイアウトと仕上げは，ケーキに砂糖でころもがけする作業に似ている。つまり，作品の土台がしっかりしていれば，作業は円滑に，滞りなく終わるということである。

◤ 全体的な指針

　論文執筆がコンピュータで行われるようになって，初稿を書き上げて改訂し，最終原稿を仕上げるといった執筆過程の各段階にあまり区別がなくなってきた。というのも，キーボードをたたいたり，マウスをクリックしたりするだけで，単語や文章，段落，場合によっては1つの章全体を別のものに置き換えることができるからである。タイプライターを使用していた時代には，原稿を手直しする際には，切り貼りのためのハサミと糊を用意して，書き換えた部分をいちいちタイプしなおす必要があったので，改稿は非常に困難な作業だった。今日では，覚え書きや長い引用文，参考文献，図表など完成原稿の作成に必要となるものは，すべてコンピュータのメモリーや外部ディスクに保存しておくことができ，いつでも必要なときに取り出せる。コンピュータはアイディアをまとめてくれたり，あなたの代わりに考えてくれたり，文章を書いてくれたりはしないが，多くの単調な作業からあなたを解放してくれる。

　ワードプロセッサーには，スペルチェッカーや文法チェッカーといった機能が備わっており，誤りを見つけてくれたり，別のことばや表現を提案してくれたりする。ただし，それらの代替候補を採用するかしないかは，あなたの判断に任されている。これらの機能は絶対確実というわけではないので，スペルや文法のチェックをパスしたからといって，原稿が完璧であると思ったり，校正をしなくても大丈夫などと判断したりしてはいけない。ワードプロセッサーの

スペルチェッカーは，一般的な辞書の情報に基づいているので，心理学用語や他の専門用語は辞書項目として収録されていない場合が多い。したがって，スペルが正しいにもかかわらず，スペルチェッカーに引っかかってしまう用語がある。このような場合には，正しいスペルの用語を辞書に登録するとよい。本書の巻末に，よくスペルミスを犯すことばのリストを掲載しておいた。初稿なり最終原稿を書いた時点でこれらのリストに入念に目を通すと，スペルチェッカーでは見つからなかった，いくつかのスペルミスに気づくことがある。

文法チェッカーは，文法規則や形式上の規則を犯している文章を見つけ出すための機能である。文法チェッカーによって問題のある文章が見つかると，画面上にダイアログボックスが表示されて，文法チェッカーが提案する代替文を採用するか無視するかの回答が求められる。文法チェッカーが，常に自動的に作動するように設定することもできるし，普通はこの機能をオフにしておいて，必要な時にだけ呼び出すように設定することもできる。多くの経験豊富な書き手が指摘していることだが，文法チェッカーは，しばしば受け入れることができる文体上のバリエーションを，誤りだと指摘する。スペルチェッカーを作動させておくことは不可欠だが，書き手の多くは誤りを見つけて訂正する際に，文法チェッカーを信用せず，自分の目と経験に頼っている。

ワードプロセッサーには，他にも便利なツールが備わっている。その1つがシソーラス（類義語辞典）である。シソーラスは，メニュー・バーの当てはまる項目をクリックすることで呼び出すことができる（Word 98 もしくはそれ以降のバージョンでは，右クリックでシソーラスのサブメニューが開く）。シソーラスが単語や句の類義語を調べてくれるので，その候補の中から1つを選んで，元々のことばと置き換えればよい。ただしこの時，置き換えに用いることばが元々のことばと同じ意味をもつことを確認しておく必要がある。もし確信がなければ，そのことばの意味を辞書で調べる。

最終原稿を仕上げる際の指針として，さらにいくつかの留意点を以下に列挙する。

- ◆ 文字が見やすく印刷されているか確認する。もし印字がかすれていた場合，インクカートリッジを新しいものに取り替える。
- ◆ 行間は2行間隔（ダブルスペース）とする。印刷は用紙の片面にのみ行う。用紙の右肩には，ページ見出しとページ番号を入れる。巻末の見本論文参照。

- ◆ 最終原稿の複写を用意しておく。1つは指導教員に提出するためのものであり、もう1つは不測の事態に備えた予備の原稿となる。
- ◆ ワードプロセッサーの書式設定では、均等割り付けを行わない設定にする。均等割り付けを行うと、文章の右端がブロックを積み上げたように一直線上に揃ってしまうので、単語と単語の間に不自然な間隔が入ることがある。APA マニュアルにも書かれているように、文章の右端は不揃いのままでよい。
- ◆ 英文書体は 12 ポイントの Times New Roman フォントか、Courier フォントが好ましい［訳注：日本語では MS 明朝体がよいだろう］。これら2つは代表的な**セリフ・フォント**として知られている。ここでセリフとは、文字の起筆部や終筆部を飾る線のことを指す。ただし、図表の作成には、視覚的にシャープになるので、セリフのないフォント（**サンセリフ・フォント**）を用いたほうがよい。
- ◆ 数字の1や0を表すのに英文字のl（エル）やo（オー）を用いてはならない。また、カイというギリシャ文字を表すのに英文字のX（エックス）を用いてはならない。サブメニューから正しい記号文字（χ）を選んで挿入するか、それができなければ手書きで書く。
- ◆ APA マニュアルで推奨されている投稿論文の書式では、句読記号の後と文章と文章の間には、スペースキー1つ分（半角）の余白を設けることになっている。しかし、もしピリオドの後にスペースキー2つ分の余白を挿入することに慣れているのであれば、自分のやりやすい方のやり方をとればよい（APA は句読記号の余白に基づいて原稿を不採択にすることはしない）。

次節では、最終原稿のレイアウトをより良くするために役立つ、いくつかの具体的な事柄について述べる。

▌ 表題ページの形式

巻末の2つの見本論文の表題ページを見てほしい。表題は、研究課題の本来の趣旨を要約したものであり、中央揃えで表記されている（それぞれの論文の3ページ目にも表題が再び記載されていることに注意）。よい表題は、簡潔であるが読み手に研究の趣旨を的確に伝えるように書かれている。研究の主題を

絞り込み研究提案書を書いている段階で，あなたはすでに研究題目を暫定的に設定したはずである（第3章）。この時設定した題目が，最終原稿の内容を正確に表していないと感じるのであれば，題目を変えたり，さらに具体的なものに訂正したりすることができる。（ちなみに，APAの様式では，題目と見出しに含まれる4文字以上のアルファベットで構成される前置詞の最初の文字は，大文字で表記することになっている。したがって，もし研究題目に With や From が含まれていれば，それらのことばは大文字で表記する。）

　見本論文の表題ページには，その他にもいくつかの情報が記載されている。

- ページ見出しとページ番号
- 学生の氏名（byline（署名欄）と呼ばれる）
- 学生のeメールアドレス，もしくはその他の連絡先
- 授業の番号や授業名，もしくはその論文が何番目に書かれたものかを示す番号
- 指導教員やアドバイザーの氏名
- 論文の提出日

　各ページの右肩には，ページ番号（ノンブル）に加えていくつかの単語が記載される。これは**ページ見出し**と呼ばれており，これがあるとばらばらになってしまったページを元の順番に戻す際に便利である。ほとんどのワードプロセッサーのプログラムでは，ページ見出しを簡単に挿入できるようになっている。原稿の一部をカットアンドペーストして改稿したときには，ワードプロセッサーは自動的にページ番号を更新してくれる。

　指導教員（授業の単位を得るために論文を提出する場合）やアドバイザー（"予備的論文"など単位取得以外の要件を満たすために論文を提出する場合）の名前を記載するのが礼儀である。さらに学位論文の場合は，謝辞のページを（表題ページの後に）入れ，そこではアドバイザーだけでなく，あなたの研究を助けてくれたすべての人に対して謝意を表する。ちなみに，学位論文には通常，目次のページも含まれる。

▶ 見出し

　長い論文では，見出しを用いて，文章をいくつかのまとまりに分割するのが

慣例である。見出しには，簡潔ではあるが意味のある語句を用いる。見出しをつける目的の1つは，読者が論文に目を通している際に，自分が読んでいる内容が論文で扱われている主題や問題のどこであるのかを理解させることにあり，見出しはいわば論文の道案内の役割を果たしている。もう1つの目的は，あるセクションで扱われている主題が，うっかり別のセクションに紛れ込むということがないように，見出しをつけることで著者の思考が整理されるという点にある。また，見出しをつけることにより，最初は重要な主題から始まり，その後あまり重要でない（しかし関連のある）問題や情報に触れるといった論旨の流れが読者に明確になる。

　もしレヴュー論文や学位論文もしくは何らかの学期末レポートを書いているのであれば，見出しに使う語句は，研究のアウトラインに記載した用語の中から選ぶとよいだろう。ここで，ジョン・スミスのレヴュー論文の見出しや，小見出しを見てほしい。これらの見出しは，本文の内容とよく対応しており，見出しを追いかけていくと，論旨の展開を把握することができる。ジョンの論文では，見出しとして中央揃えと左端揃えの2種類の形式が使われている。**中央揃え見出し**は，論文の内容を大きなまとまり（節）で分ける際に用いられる。英語の場合，この見出しは，大文字と小文字からなる語句で中央揃えで表記し，イタリック体（や下線）は使わない。［日本語の場合は，中央揃え，ボールド体とする。］

英語の場合

Two General Conceptions of Intelligence
Gardner's Theory of Multiple Intelligence
Two Main Criticisms of Multiplex Theories
Conclusions

日本語の場合

人間の知能に関する2つの主要な考え方
ガードナーの多重知能理論
多重理論に対する2つの主要な批判
結　論

これらの節の内容をさらに分割するために，ジョンは**小見出し**を用いている。

英語の場合，小見出しは，大文字と小文字からなる左端揃えのイタリック体で表記される。［日本語では，行をあけず，左端から1字あけでボールド体とし，本文は改行して続ける。］ジョンは「ガードナーの多重知能理論」という中央見出しが付けられた節の内容を，3つの小見出しを用いてさらに分割している。

英語の場合

Gardner's Notion of Intelligence

Many Kinds of Intelligence

Independence of Abilities

日本語の場合

　ガードナーの知能観

　多種類の知能

　諸能力の独立性

もし小見出しの中に，さらに小見出しを付ける必要がある場合には，英語ではイタリック体の語句をインデントして表記し，語尾にピリオドを打つ。そしてこの場合，小見出しのすぐ後に文章を続ける。［日本語では，行をあけず，左端から1字あけでボールド体とし，本文を改行せず1字あけて続ける。］たとえば，〈多種類の知能〉という小見出しのついた節の中に〈論理的－数学的〉という小見出しを設ける場合は，以下のようになる。

英語の場合

Many Kinds of Intelligence

　Logical-Mathematical. One traditional type of intelligence, called "logical-mathematical" by Gardner（1985）, refers to ...

日本語の場合

　多種類の知能

　　論理的－数学的　Gardner（1985）によって「論理的－数学的」と呼ばれる1つの伝統的タイプの知能は，……と言われる

もし，単一の研究や実験を報告するためのレポートを書いているのであれば，

心理学分野の研究論文の一般的な構成に対応した見出しを用いればよい。ジェーン・ドゥの研究レポートでは，「方法」という中央見出しの節の中に「参加者」と「手続き」という小見出しを設けている。もしこれらの小見出しの節をさらに分割する場合には，上述した方法をとればよい。(英語ではインデントして語句はイタリック体，語尾にピリオド，すぐ後に文章を続ける。[日本語では行をあけず，左端から1字あけでボールド体とし，本文を改行せず1字あけて続ける。])

▌英文のイタリック体

　ワードプロセッサーが普及する以前は，ある文字をイタリック体で表記することを植字工に指示するために，その文字に下線を引くという方法がとられていた。今日では，ワードプロセッサー上で文字をイタリック体に変更するのは簡単であり，イタリック体のメニューボタンをクリックしてからテキストを入力するか，すでに入力されたテキストを範囲指定して，そのボタンをクリックすればよい。しかしながら，もし著者がイタリック体ではなく下線が引かれた原稿をAPAに投稿したとしても，APAがそれを理由に原稿を却下することはない。なぜなら，原稿が受理された場合，校正者がどのみちその部分に下線を引くことになるのだから。また，慣例的用法では，本文中で言及されている書籍の題目は，イタリック体で表記することになっている ("In *Pygmalion in the Classroom*, Rosenthal and Jacobson wrote that ...")［日本語では，本文中の邦文書名は『　』で括って表記するのが慣例である]）。
　イタリック体の用法には，ほかにもいくつかの場合がある。

- ◆ 統計記号は，イタリック体で表記する。F, N, n, P, p, t, Z など。いくつかの統計記号は小文字で表記しなければならないことに注意。たとえば，大文字の N はある研究で用いられた全体のデータ数を指すが，小文字の n は下位集団のデータ数を指す。
- ◆ ただし統計記号のうちギリシャ文字で表されるものに関しては，イタリック体にしない。たとえばカイ二乗（χ^2），データ集合の加算を意味するシグマ（Σ），母集団の標準偏差（σ）や母分散（σ^2）など。
- ◆ 引用文献リストでは，雑誌の号数や著書と雑誌の題目はイタリック体で表記する。
- ◆ 強調したい語句はイタリック体で表記する。ただし多用するのは控える

("Effective teaching, the authors asserted, will come only from the teachers' firm belief that their pupils *can* perform"「効果的な指導は，著者たちの主張では，教師たちの生徒たちがすることが**できる**という固い信念によってのみ実現するであろう」）。

- ◆ 説明の対象となる用語は，イタリックで表記する（"the term *knowing* ..."（この術語**ノウイング**）あるいは "... is called *knowing*"（……は**ノウイング**と呼ばれる）など）。たとえばジョン・スミスは次のように書いている（"People use the word *intelligence* and its various synonyms ..."「人びとは**知能**ということばとその多様な同義語を……使っている」，"The second major view ... is characterized here as the *multiplex view* because ..."「二番目の主要な立場は……ここでは**多重知能観**として特徴づけられるものである。というのも……」）。

学生が論文に上付きの添え字や，下付きの添え字を含む統計学の数式を載せる必要に迫られることはあまりないだろうが，数式中のいくつかの文字をいちいち選択してイタリック体に変換するのは，もしこれを自動で行ってくれる（たとえば MathType のような）プログラムを利用しないと手間のかかる作業である。1つの選択肢は，上述のような数式エディタ機能に任せるというものである。別の選択肢には，数式を手書きで記入するという手もある。もし研究レポートの付録に数式を記載するのであれば，それらをワードプロセッサーで入力してもいいし（ジェーンのレポートでは，式の入力に MathType が用いられている），手書きで書き入れることもできる。

▲ 本文中の引用

論文の本文中で他者の研究を引用する際には，いくつかの簡単な慣習に従う必要がある。引用の目的は，引用した文章やアイディアの出所を読者に明示するとともに，引用文献リストの中から該当する論文を見つけやすくすることにある。引用元を"著者の姓名 - 日付"の組み合わせで表記する形式は APA マニュアルの規定に基づいており，著者の姓とその論文が公刊された年を文章中の適切な位置に挿入する。

ここで，本文中の引用に関する 2 つの一般的なルールと，その例外について述べる。

◆ 引用文献には，本文中で引用していない文献は載せてはならない。例外としては，広範な参考文献目録をつくろうとしていて，ある主題に関連する論文や書籍を，それらを本文中で引用するかしないかにかかわらず，とにかくすべて目録に収めたいと考えているような場合である。もちろん，授業の課題として提出するレヴュー論文や研究レポートでは，このような文献目録を作成することが要求されることはない。
◆ 引用文献リストに掲載されていない文献を，本文中で引用してはならない。この例外として，本文中で私信を引用する場合は，これを引用文献リストに含める必要はない。

もし自分で読んでいない文献を引用する場合には，その引用は他者の書いた二次的文献からの引用（**孫引き** secondary citation）であることを明示しなくてはならない。孫引きは，引用元の文献が手に入らない場合を除いて，しないこと。もし引用元の文献が手に入るのであれば，自分でその文献に目を通して，直接それを引用すべきである。孫引きを差し控えるべき理由は，孫引きした二次的文献の内容が，本来の引用元文献の内容を正しく反映しているという保証がないという点にある。しかしながら，小規模な大学の図書館や地域の公共図書館では，学生が必要とする主要な文献すべてを直接利用することができない状況にある。一般に，論文中の引用には2種類のやり方がある。文章の一部として引用を記載する方法と，カッコ内に引用を記載する方法である（アルファベット順に記載する。同一の著者を2回引用する場合には，発行年順に記載する）。

もし自分が読んだことのない文献を孫引きしなくてはならない場合には，以下のように記載する。

二次的文献に基づく引用（文章の一部として引用を挿入する場合）

  In Virgil's epic poem, The Aeneid（as cited in Allport & Postman, 1947），the following characterization of Fama appears: ...
  バージルの叙事詩アイネーイス（Allport & Postman, 1947 に引用）において，ファマの次のような性格描写がなされている：……

次の例文には，2種類の二次的引用の用例が含まれている。

二次的文献に基づく引用

　　Hasher, Goldstein, and Toppino's finding（as cited in Kendzierski & Markey, 2002）is also consistent with the traditional idea that merely being exposed over and over to the same propaganda, even if it is blatantly false, is usually enough to instill confidence in its credibility（McCullough, Murphy, & Schwartz, 1911, as cited in Fraites, 2004）.

　　〔Hasher, Goldstein, and Toppino（Kendzierski & Markey, 2002 に引用）における知見もまた，何度も何度も同じプロパガンダにさらされるだけで，それがまったくのうそであっても，通常それが信用できると確信させるのに十分であるという従来の考え方に一致している（McCullough, Murphy, & Schwartz, 1911, Fraites, 2004 に引用）.〕

　上の例文では，本文中の and は略さずに書かれているのに対して，カッコ内の引用では &（アンパサンド）が用いられていることに注意。次に，さらに引用の用例を 2 つ示す。いずれも二次的引用ではなく，自分の読んだ文献を直接引用する場合の例である。

本文の一部に引用を記載する場合

　　Baldwin, Doyle, Hooper, Mithalal, and Stella（1991）asked a sample of child-care providers to describe incidents in which ...

　　〔Baldwin, Doyle, Hooper, Mithalal, and Stella（1991）は保育提供者の何人かに……の出来事について説明してくれるよう依頼した。〕

引用をすべてカッコ内に記載する場合

　　Institutional review boards may harbor quite different biases regarding the ethical risks of the studies they are asked to evaluate（e.g., Ceci, Peters, & Plotkin, 1985; Hamsher & Reznikoff, 1967; Kallgren & Kenrick, 1990; Schlenker & Forsyth, 1977）.

　　〔治験審査委員会は評価を依頼された研究の倫理的リスクについて，まったく異なったバイアスをもつかもしれない（e.g., Ceci, Peters, & Plotkin, 1985; Hamsher & Reznikoff, 1967; Kallgren & Kenrick, 1990; Schlenker & Forsyth, 1977）.〕

　著者が複数いる場合，最初の引用部分では，すべての著者の姓を記載する

(ただし 7 名以上の場合にはこの限りではない)。文章のそれ以降の部分で同じ研究を再度引用する際には，著者が 3 名以上の場合には筆頭著者の姓だけを表記し，その後ろに et al.［日本語文献で原著が日本語のときは"他"とする］と日付を記載する。以下にこれに当てはまる 2 つの例を示す。

2 回目以降の引用（文章の一部に引用を記載する場合）

Ceci et al. (1985) found that one research proposal, approved without changes in one institution, was amended at another institution in the same city.

〔Ceci et al. (1985) は，ある研究提案が，変更なしにある研究機関で承認され，同じ市にある別の研究機関で修正されたことを見出した。〕

2 回目以降の引用（カッコ内に引用を記載する場合）

One research proposal, approved without changes in one institution, was amended at another institution in the same city (Ceci et al., 1985).

〔ある研究提案が，変更なしにある研究機関で承認され，同じ市にある別の研究機関で修正された (Ceci et al., 1985)。〕

電子メールや手紙の内容を引用する場合は，引用元を私信として表記する。ただし，先述のとおり，私信は引用文献リストには含めない。

私信の引用（文章の一部に引用を記載する場合）

An alternative approach, noted by T. E. Schoenfelder (personal communication, August 12, 2004), would explain investment decisions within the framework of behavioral decision theory.

〔T. E. Schoenfelder（私信，2004 年 8 月 12 日）が指摘した別のアプローチは，行動的意思決定理論の枠組みのなかで投資決定を説明するであろう。〕

私信の引用（カッコ内に引用を記載する場合）

An alternative approach would explain investment decisions within the framework of behavioral decision theory (T. E. Schoenfelder, personal communication, August 12, 2004).

〔別のアプローチが，行動的意思決定理論の枠組みのなかで投資決定を説明す

るであろう（T. E. Schoenfelder, 私信, 2004 年 8 月 12 日）。〕

ウェブ・サイトに掲載されていた特定の文書を引用する場合でも，上述の紙に印刷された文献を引用するのと似た形式で引用を行う。もしウェブ・サイト内の特定の文書ではなく，ウェブ・サイト全体を引用元としたいのであれば，そのサイトのアドレスを記載すればよい。ただし，この場合は引用文献には載せない。

ウェブ・サイトの引用

Information about the Publication Manual of the American Psychological Association (5th ed.) can be found on the APA Publication Manual Web site (http://www.apastyle.org).
〔アメリカ心理学会の執筆マニュアル（第 5 版）についての情報は，APA Publication Manual Web site (http://www.apastyle.org) で得られる。〕

以下に述べるルールに従えば，文献の引用に際して，学生が直面するほとんどの問題点に対応できるだろう。

- ◆ 一連の研究を引用する場合は，まずは筆頭著者の姓のアルファベット順，次に刊行年の順で記載する（Brecher, 1999; DiClemente, 2000; DiFonzo & Bordia, 1993; Frei, 2002; Freeman, 1999; Gergen & Shotter, 1985, 1988; Stern, in press; Strohmetz, 1997; Trimble, in press; Wells & Lafleur, 1997）。
- ◆ 同じ年に刊行された同一の著者による 2 本以上の論文を引用する場合は a，b，c などのラベルをつけて区別する（Hantula, 2001a, 2001b, 2001c）。ある研究者が同一の年に発表した 2 本以上の単著論文を引用文献リストに載せる際の順序は，研究題目のアルファベット順に従う。
- ◆ 受理が決まっているがまだ公刊されていない論文を引用する場合には，公刊年を印刷中 "in press" として表す（Crabb, in press）。引用にあたって印刷中の論文は年代順の最後に記載する（Crabb, 2000, 2001, in press）。

もし上記のルールでも対応できない問題に直面したら，どうすればよいだろ

うか。そのときはまず，APA のウェブ・サイトに関連する情報がないか，よく調べてみることである。もっとも，APA の対応はかなり柔軟であり，あまり例のない引用の1つが少々形式規定からはずれているからといって，投稿論文が突き返されたりはしない。原稿がいったん受理されてしまえば，編集の過程で訂正が入る。したがって，もし対応策が見つからず判断に迷ったら，自分の書いた引用の仕方で引用元の文献にたどりつけるだろうか，ということを自分自身に問いかけてみるとよい。要するに，読者の視点に立って考えてみよということである。ただし，一貫性を心がけること。

▶ 表と図

　表と図は，結果をより効果的に示すために用いるべきである，という点についてはすでに先の章で述べた。しかし学生の中には，全部のローデータを単に整然と配置しただけの表を研究レポートに載せる者も少なくない。ジェーンの研究レポートにみられるように，ローデータの添付が必要な場合には，付録に載せるようにする。考察のセクションに載せる表は，実際のローデータを示すためのものではなく，**データを要約した**情報を伝えるためのものである，ということを覚えておいてほしい（ジェーンの研究レポートの Table 1 を参照のこと）。また，表を用いることで，その他の結果の情報も整理して示すことができる（ジェーンの研究レポートの Table 2 では，ANOVA と線形対比の結果の要約が載せられている）。

　APA の規定では，表と図は本文中で言及される順に番号をふったものを，別紙に印刷して論文の最後に添付することになっている（学生が書く論文では，表と図は引用文献と付録の間に記載する）。ジェーンの研究レポートでは，表のタイトルが表の上部に位置していることに注意してほしい。これが図の場合，印刷された紙面ではタイトル（キャプション）は図の下部に配置される。Figure という文字と図の番号はイタリック体で表記する。論文投稿時の段階では，図のキャプションは，図本体とは別の紙に記載する。

　これらの要件は，授業の課題として論文を書く学生にとってはわかりにくいだろう。そこで話を簡単にするために，キャプションは図の下部に配置することとしておく。たとえば，もし仮にジェーンの研究レポートで，表の代わりに棒グラフの図が用いられていたとしたら，そのキャプションは以下のようになるだろう。

Figure 1. 4条件のチップの割合の平均を示す棒グラフ。各条件の標準偏差は，それぞれ 1.46, 1.71 2.45, 2.43，標本数は 1 条件当たり 20 であった。

これを見ればわかるように，キャプションにはたくさんの情報が詰め込まれている。これと同じ情報をジェーンの研究レポートの Table 1（付録 A）からも得ることができるが，Table 1 ではさらにチップの割合の平均が，小数第 2 位まで示されている（このため，興味のある読者は彼女の示した統計結果を容易に再計算できる）。

　もし表を用いるのであれば，ジェーンの表のタイトルがイタリック体の大文字と小文字からなり，左揃えで記載されている点に留意してほしい。表の各コラム（列）の上部には見出しをつける。左端のコラムは**スタブ・コラム**（stub column）と呼ばれ，多くの場合主要な独立変数が配置される。コラムの見出しは，そのコラムに書かれている項目を説明するものであるが，表の中には，見出しに用いられる語句の重複を避けるために，コラムの見出しを階層構造で構成しているもの（**階層見出し**（decked heads）と呼ばれる）もある。この階層構造の見出しの最上部の一番広い幅をとる見出しは，**テーブル・スパナー**（table spanner）と呼ばれている。しかしこれらは技術的な細部である。要は，読者が表の内容を容易に理解できるように，表の見出しは明瞭で簡潔かつ情報ををよく伝える語句を選ぶ，ということが非常に大切である。

　もしまだ表と図の区別が曖昧ならば，棒グラフや線グラフが図に当たると考えておけばよいだろう。写真や絵なども図の範疇に入る。先述したように，図は結果を歪曲したかたちで読者に伝えてしまう可能性があるため，結果の詳細（たとえば条件ごとの平均や標準偏差など）を要約する際には，好んで表を用いる研究者が多い。もし図を載せる必要がある場合には，図の内容が複雑になりすぎないように気をつけてほしい。図に含めるべき内容とは本文中では伝えきれない情報であり，文章で明瞭に表現できる情報を図の中で再び取り上げる必要はないのである（もし心理学とグラフィックデザインに関して興味があるなら，第 6 章の末尾に載せた参考図書を一読することをお薦めする）。

　もし表中に説明事項や注釈事項を付け加えたいときは，ジェーンの研究レポートの表にみられるように，これらの情報は表の下部に記載することになっている。まず**注**（note）という語句をイタリック体で表記し，語尾にはピリオドを打つ。そして説明や注釈の具体的な内容をその後に記載する。複数の注をつ

ける際には，英小文字の上付きの添え字（a, b, c）やアスタリスク（*, **, ***）などを注釈記号として用いるのが慣例である。この用例を以下に示す。

上付き添え字による注釈
　　$^a n=50$　　　$^b n=62$

アステリスクによる注釈
　　$*p<.05$　　$**p<.01$　　$***p<.0005$

◤ 文献リスト

　文献リストは，新しいページから書き始める。その際，ページの一番上に"文献（References）"というタイトルを中央揃えで表記する。文献は筆頭著者の姓に基づいてアルファベット順に記載する。同一著者の論文は，刊行年の古い順に記載する。敬称（たとえば von, Mc, Mac, de, du など）を姓名の先頭の文字と見なすか否かについては迷うところであるが，APAマニュアルによれば，通常その人のことを参照する際に，敬称付きで呼ばれることが通例となっているか否かに基づいて判断する，ということになっている。敬称をもつ著者の論文をリストに載せる場合，このような微妙な判断にいちいち頭を悩ますくらいなら，敬称を姓名の先頭の文字と見なして，アルファベット順に記載するという方針をとればよいだろう。
　APAマニュアルが定める標準的な引用の様式は，以下の通りである。

- ◆ すべての著者の氏名について，姓，名の順に表記する（姓のフルネーム，名前の頭文字，ミドルネームの頭文字の順）。
- ◆ 著者名は，引用論文のタイトルページに書かれている順番通りに正確に記載する。
- ◆ 複数の著者名はコンマで区切り，最後の著者名の手前にはアンパサンド（&）を入れる。
- ◆ 出版物の版権表示の年を記載する（雑誌記事の場合は年と月，新聞記事の場合は年月日）。
- ◆ 書籍や書籍中のある章の題目および論文の題目（および副題）は，最初にくる単語のみ，頭文字を大文字で表記する。ただし固有名詞も頭文字

を大文字とする。
- ◆ 引用論文の掲載されている学術雑誌が号数ごとにページが付けられている場合には，雑誌の巻数だけでなく号数まで記載する。
- ◆ 学術雑誌の号数や書籍および雑誌のタイトルは，イタリック体で表記する。
- ◆ 資料15に示した略記を用いて，書籍の出版社のある都市名と州名を記載する。
- ◆ しかし，アメリカ合衆国の主要な都市（たとえばボルティモアやボストン，シカゴ，ダラス，ロサンジェルス，ニューヨーク，フィラデルフィ

資料15　郵便で用いられるアメリカの州名と地名の略記

所在地	略記	所在地	略記
Alabama（アラバマ）	AL	Montana（モンタナ）	MT
Alaska（アラスカ）	AK	Nebraska（ネブラスカ）	NE
Arizona（アリゾナ）	AZ	Nevada（ネバダ）	NV
Arkansas（アーカンソー）	AR	New Hampshire（ニューハンプシャー）	NH
California（カリフォルニア）	CA	New Jersey（ニュージャージー）	NJ
Colorado（コロラド）	CO	New Mexico（ニューメキシコ）	NM
Connecticut（コネチカット）	CT	New York（ニューヨーク）	NY
Delaware（デラウェア）	DE	North Carolina（ノースカロライナ）	NC
District of Columbia（コロンビア特別区）	DC	North Dakota（ノースダコタ）	ND
Florida（フロリダ）	FL	Ohio（オハイオ）	OH
Georgia（ジョージア）	GA	Oklahoma（オクラホマ）	OK
Guam（グアム）	GU	Oregon（オレゴン）	OR
Hawaii（ハワイ）	HI	Pennsylvania（ペンシルバニア）	PA
Idaho（アイダホ）	ID	Puerto Rico（プエルトリコ）	PR
Illinois（イリノイ）	IL	Rhode Island（ロードアイランド）	RI
Indiana（インディアナ）	IN	South Carolina（サウスカロライナ）	SC
Iowa（アイオワ）	IA	South Dakota（サウスダコタ）	SD
Kansas（カンザス）	KS	Tennessee（テネシー）	TN
Kentucky（ケンタッキー）	KY	Texas（テキサス）	TX
Louisiana（ルイジアナ）	LA	Utah（ユタ）	UT
Maine（メイン）	ME	Vermont（バーモント）	VT
Maryland（メリーランド）	MD	Virginia（バージニア）	VA
Massachusetts（マサチューセッツ）	MA	Virgin Islands（バージン諸島）	VI
Michigan（ミシガン）	MI	Washington（ワシントン）	WA
Minnesota（ミネソタ）	MN	West Virginia（ウェストバージニア）	WV
Mississippi（ミシシッピ）	MS	Wisconsin（ウィスコンシン）	WI
Missouri（ミズーリ）	MO	Wyoming（ワイオミング）	WY

ア，サンフランシスコなど）については，州名略記の記載を省略してもよい。
- ◆ もし次に挙げる都市，アムステルダム，エルサレム，ロンドン，ミラノ，モスクワ，ニューデリー，パリ，ローマ，ストックホルム，東京，ウィーン以外の都市をリストに掲載するときは，国名もあわせて表記する。

上記のルールや注釈，そして以下に挙げる用例を参照すれば，文献リストを作成する上で，つまずくことはないだろう。もし何か問題に直面した場合には，上記のルールを一般化して考えれば，何らかの対応策が見つかるはずである。もしくは，APA出版マニュアルのウェブサイト（http://www.apastyle.org）を参照すれば，答えを見つけることができるだろう。明瞭で一貫していて完全であるというのが，APAの論文引用の大原則である，ということを覚えておいてほしい。

著書
〈単著〉
著者名は，姓を先頭に，名のイニシアル，ミドルネームのイニシアルを書く。次に刊行年を書く。これに続く書籍のタイトルは，イタリック体で表記する（最初の文字は大文字にする。副題の最初の文字も同様である）。最後に，出版社の所在地と出版社名を書く。

> Kimmel, A. J. (1996). *Ethical issues in behavioral research: A survey*. Cambridge, MA: Blackwell.

〈共著〉
著者名はコンマで区切る。最後の著者の前には，アンパサンド（&）を挿入する。その他の点は単著の場合に準じる。

> Shadish, W. R., Cook, T. D., & Campbell, D. T. (2001). *Experimental and quasi-experimental designs for generalized causal inference*. Boston: Houghton Mifflin.

〈機関や団体によって発行された書籍〉

機関や団体のフルネームを記載する。発行元も同じ場合，出版社名は"Author"とする。

> American Psychiatric Association. (1994). *Diagnostic and statistical manual of mental disorders* (4th ed.). Washington, DC: Author.

印刷中の場合（in press）
〈公刊は決定しているが未公刊の書籍や論文〉
　未公刊の編集ものの書籍の場合，出版社にすでに受理されており印刷段階に入っているのであれば，印刷中として扱う。編者名の後に，"Ed."（編者が1人の場合）もしくは "Eds."（編者が複数人の場合）の略記をカッコに入れて記載し，最後にピリオドを打つ。次に "in press" という語句をカッコに入れて記載し，終わりにピリオドを打つ。

> Wilson, B., & Pierce-Haven, J. (Eds.). (in press). *Theories of perception in experimental psychology: Classic and contemporary contributions*. Belmont, CA: Brooks/Cole.

〈受理されているがまだ発刊されていない雑誌論文〉
　まだ公刊されていないが，雑誌の編者によって公式に受理された論文は，印刷中の論文とみなされる。しかし，たんに投稿中の論文を印刷中の論文とみなすことはできない。

> Frei, R. L., Racicot, B., & Travagline, A. (in press). The impact of monochromic and type A behavior patterns on faculty research productivity and job-induced stress. *Journal of Managerial Psychology*.

〈未公刊の編集中の書籍の特定の章〉
　編集中の書籍の特定の章の原稿で，その書籍の編者に受理されており，さらに出版社にも受理されている原稿を引用する際は，印刷中の原稿とみなされる。当てはまる章を書いた著者名は通常どおり姓，名の順に記載するが，編者名の記載順は，この逆となることに注意。

Suls, J., & Martin, R.(in press). Social comparison processes in the physical health domain. In A. Baum, T. Revenson, & J. Singer(Eds.), *Handbook of health and psychology*. Mahwah, NJ: Erlbaum.

〈編集過程の途中にある書籍〉

　出版社にすでに受理されているが編集過程の途中にある書籍は，印刷中とみなされる。下記の用例に示されているように，出版社の所在地は，都市名に加えて州名を記載する。この理由は，同一の都市名が異なる州や国に存在する場合があるからである（下記の例では，イギリスにもケンブリッジが存在する）。

Fine, G. A.(in press). *Mushroom worlds: Naturework and the taming of the wild*. Cambridge, MA: Harvard University Press.

〈未公刊の学術雑誌のモノグラフ〉

　モノグラフは，学術雑誌が発刊する，あるテーマについて書かれた長い論文のことを指す。雑誌の追加号として編集される場合もあるし，特集号や単独の印刷物として普通の発刊とは別に編集される場合もある。下記の例は，すでに編者に受理されてはいるが，まだ印刷されていないモノグラフを引用する場合である。すでに公刊されているモノグラフを引用する場合は，号数やシリーズの通し番号を，巻数の後にカッコに入れて記載する。

Lana, R. E.(in press). Choice and chance in the formation of society. *Journal of Mind and Behavior*.

公刊済みの編集書

〈編者が1人の場合〉

　編者名の後に "Ed." という語句をカッコに入れて記載し，最後にピリオドを打つ。次いで書籍のタイトルをイタリック体で表記し，出版社の所在地と出版社名を記載する。

Morawski, J. G.(Ed.).(1988). *The rise of experimentation in American psychology*. New Haven, CT: Yale University Press.

〈複数の編者，複数の巻数，改訂版の場合〉

　複数の編者がいる場合は，すべての編者名の後に "Eds." という語句をカッコに入れて記載し，最後にピリオドを打つ。版数や巻数（"Vols." という略記で表す）はタイトルの後にカッコに入れて記載する。最初の改訂版の場合，"2nd ed." の代わりに "Rev. ed." と表記してもよい。

　　Gilbert, D. T., Fiske, S. T., & Lindzey, G. (Eds.). (1988). *The handbook of social psychology* (4th ed., Vols. 1-2). Boston: McGraw-Hill.

後年になって再版された書籍

〈全集〉

　再版された書籍の情報について引用した後に，原書が出版された日付をカッコに入れて記載する。

　　Demosthenes. (1852). *The Olynthiac and other public orations of Demosthenes*. London: Henry G. Bohn. (Original work written 349 B.C.)

〈複数の巻からなる全集中の1巻〉

　下記の用例のカッコの中の年号（1779/1971）は，原書が 1779 年に，現在の版が 1971 年にそれぞれ出版されたことを意味する。全集名の後に書かれたカッコ内の巻数は，該当する作品が掲載されている巻数を示す。

　　Lessing, G. E. (1779/1971). *Gotthold Ephraim Lessing: Werke* (Vol. 2). München, Germany: Carl Hanser Verlag.

〈選集の中の1章〉

　下記の用例のカッコの中の年号（1733/1903）は，原作が 1733 年に，選集が 1903 年にそれぞれ出版されたことを意味する。選集の書名の後に書かれたカッコ内のページ数（ピリオドを打つことに注意）は，該当する作品が掲載されているページ数を示す。

　　Pope, A. (1733/1903). Moral essays: Epistle I. To Sir Richard Temple, Lord

Cobham, of the knowledge and character of men. In H. W. Boynton (Ed.), *The complete poetical works of Pope* (pp.157-160). Boston: Houghton Mifflin.

論文や章の引用
〈巻でページがふられた学術雑誌に掲載されている単著論文〉
雑誌名と巻数（42）をイタリック体で表記する。続いて該当する論文のページ番号（97-108，イタリック体にはしない）を記載する。

Scott-Jones, D. (1994). Ethical issues in reporting and referring in research with low-income minority children. *Ethics and Behavior, 42,* 97-108.

〈著者数が6名以内の共著論文〉
最後の著者名の前にアンパサンド（&）を挿入する。雑誌名と巻数のみをイタリック体で表記する点については単著の場合と同様。

Gabrieli, J. D. E., Fleischman, D. A., Keane, M. M., Reminger, S. L., & Morrell, F. (1995). Double dissociation between memory systems underlying explicit and implicit memory in the human brain. *Psychological Science, 6,* 76-82.

〈7名以上の著者がいる共著論文〉
7名以上の著者がいる場合は，最初の6名を記載し，その後にコンマと"et al."を付ける（アンパサンドは付けない）。

Thomas, C. B., Hall, J. A., Miller, F. D., Dewhirst, J. R., Fine, G. A., Taylor, M., et al. (1979). Evaluation apprehension, social desirability, and the interpretation of test correlations. *Social Behavior and Personality, 7,* 193-197.

〈編著書の1章〉
著者名は姓から記載するが，編者名は名前から記載する。イタリック体表記の書籍タイトルの直後に，該当する章のページ番号（pp.130-165）を記入する

（ページ番号の後にピリオドを打つ）。

> Aditya, R. N., House, R. J., & Kerr, S. (2000). Theory and practice of leadership: Into the new millennium. In C. L. Cooper & E. A. Locke (Eds.), *Industrial and organizational psychology: Linking theory and practice* (pp.130-165). Cambridge, MA: Blackwell.

〈章の著者名にハイフンが含まれる例〉
　著者名にハイフンが含まれる場合は，ハイフンをそのまま記載する。

> Perret-Clermont, A.-N., Perret, J.-F., & Bell, N. (1991). The social construction of meaning and cognitive ability in elementary school children. In L. Resnick, J. M. Levine, & S. B. Teasley (Eds.), *Perspectives on socially shared cognition* (pp.41-62). Washington, DC: American Psychological Association.

〈複数巻からなる事典類の事項〉
　イタリック体表記の事典名の後に，該当する事項が記載されている巻数とページ番号をカッコに入れて記載する。下記の用例は，同じ都市に存在する2つの出版社が同じ事典を出版している異例のケースである。

> Stanley, J. C. (1971). Design of controlled experiments in education. In L. C. Deighton (Ed.), *The encyclopedia of education* (Vol. 3, pp.474-483). New York: Macmillan and Free Press.

〈号数毎にページが付けられているニュースレターの論文〉
　イタリック体で表記された巻数（23）の直後に，号数（4）をカッコに入れて記載する（イタリック体にはしない）。

> Camara, W. J. (2001). Do accommodations improve or hinder psychometric qualities of assessment? *The Score Newsletter, 23* (4), 4-6.

〈号数毎にページが付けられている学術雑誌の論文〉

上記のニュースレターの場合と同様。

> Valdiserri, R. O., Tama, G. M., & Ho, M.（1988）. The role of community advisory committees in clinical trials of anti-HIV agents. *IRB: A Review of Human Subjects Research, 10*（4）, 5-7.

英語以外の言語で書かれた出版物
〈書籍〉
発音区別符（下記に挙げたドイツ語の書籍の英訳の引用例にみられるウムラウトなど）や大文字で書かれている文字などは，原書の表記通りに記載する。下記の例のように，書籍タイトルの後ろに，タイトルの英語訳をブラケットに入れて記載し，最後にピリオドを打つ。

> Gniech, G.（1976）. *Störeffekte in psychologischen Experimenten* [Artifacts in psychological experiments]. Stuttgart, Germany: Verlag W. Kohlhammer.

〈英語以外の言語で書かれた雑誌論文〉
上記の英語以外の言語で書かれた書籍の場合と同様。

> Foa, U. G.（1966）. Le nombre huit dans la socialization de l'enfant [The number eight in the socialization of the infant]. *Bulletin du Centre d'Études et Recherches Psychologiques, 15*, 39-47.

複数の巻からなる編集もの書籍中の1章
〈著者と編者が異なる場合〉
シリーズ書のタイトルをイタリック体で表記し，その後に該当する章が掲載されている巻数とページ番号をカッコに入れて記載する。

> Kipnis, D.（1984）. The use of power in organizations and interpersonal settings. In S. Oskamp（Ed.）, *Applied social psychology*（Vol. 5, pp.171-210）. Newbury Park, CA: Sage.

〈著者と編者が同じ場合〉
　著者名は姓，名前の順に記載するが，編者名の記載順は，その逆となることに注意。

　　Koch, S.（1959）. General introduction to the series. In S. Koch（Ed.），*Psychology: A study of a science*（Vol. 1, pp.1-18）. New York: McGraw-Hill.

マスメディア媒体に掲載された論文や記事
〈雑誌記事〉
　雑誌の刊行年と刊行月（月刊雑誌の場合），刊行日（1月に複数回刊行される場合）をカッコに入れて記載する。もし巻数がわかるのであれば，ページ番号の手前にイタリック体で表記する。

　　Csikszentmihalyi, M.（1996, July/August）. The creative personality. *Psychology Today, 29*, 36-40.

〈新聞記事〉（執筆者が明記されている場合）
　該当する記事が掲載されているすべてのページのページ番号を，コンマで区切って記載する。

　　Grady, D.（1999, October 11）. Too much of a good thing? Doctor challenges drug manual. *The New York Times*, Section F, pp.1, 2.

〈新聞記事〉（執筆者が明記されていない場合）
　執筆者名が書かれていない新聞記事の場合，記事のタイトルの最初に書かれている語句（冠詞類を除く，意味のある語句。下記の例では"toast"にあたる）に基づいて，アルファベット順に引用文献リストに記載する。

　　A toast to Newton and a long-lived "Principia."（1999, October 11）. *The New York Times*, Section F, p.4.

辞書や百科事典
〈辞書〉（著者名が掲載されていない場合）

　辞書や百科事典のタイトルページに著者名が掲載されていない場合は，タイトルに基づいて，アルファベット順に引用文献リストに記載する。

> *Random House dictionary of the English language.*（1966）. New York: Random House.

〈百科事典〉（複数の巻からなり，別々の所在地にある2つの異なる出版社から出版されている場合）

　百科事典の編集主幹の氏名の後に "Ed." をカッコに入れ記載し，ピリオドを打つ。タイトルの後に総巻数をカッコにいれて記載し，ピリオドを打つ。下記の例は，該当する百科事典のタイトルページに，別々の所在地にある2つの異なる出版社名が，記載されている場合の記載例である。

> Kazdin, A. E.（Ed.）.（2000）. *Encyclopedia of psychology*（Vols. 1-8）. Washington, DC: American Psychological Association. New York: Oxford University Press.

博士論文と修士論文
〈博士論文要旨〉

　DAI（*Dissertation Abstracts International*）に掲載されている博士論文要旨は，DAI の巻数とページ番号を記載する。

> Esposito, J.（1987）. Subjective factors and rumor transmission: A field investigation of the influence of anxiety, importance, and belief on rumor-mongering（Doctoral dissertation, Temple University, 1986）. *Dissertation Abstracts International, 48*, 596B.

〈未公刊の博士論文〉

　直接入手した博士論文原稿を読んだために DAI 番号が不明の場合や，DAI に掲載されていない博士論文を引用する場合は，"Unpublished doctoral dissertation" と表記し，大学名と所在地をあわせて記載する。

Mettetal, G. W. (1982). The conversation of female friends at three ages: The importance of fantasy, gossip, and self-disclosure. Unpublished doctoral dissertation, University of Illinois, Urbana.

〈未公刊の修士論文〉（アメリカ以外のもの）
　直接入手した修士論文原稿を読んだために MAI（*Master's Abstracts International*）番号が不明の場合や，MAI に掲載されていない修士論文を引用する場合は，"Unpublished master's dissertation" と表記し，大学名と所在地をあわせて記載する。下記に挙げた例で，論文題目に "organisational" という英式綴りが含まれているが，これはスペルチェッカーの訂正の候補となるだろう。

Hunt, E. (2000). *Correlates of uncertainty during organisational change*. Unpublished master's thesis, University of Queensland, St. Lucia, Queensland, Australia.

未公刊資料
〈技術報告書〉
　イタリック体表記のタイトルの後に，報告書の通し番号をカッコに入れて記載する。続いて，発行機関の所在地と名称を記載する。

LoSciuto, L. A., Aiken, L. S., & Ausetts, M. A. (1979). *Professional and paraprofessional drug abuse counselors: Three reports* (DHEW Publication No. 79-858). Rockville, MD: National Institute on Drug Abuse.

〈未発表原稿〉
　イタリック体表記の原稿タイトルの後に，"Unpublished manuscript" と記載し，次いで発行機関の名称と所在地を記載する。

Burnham, J. R. (1966). *Experimenter bias and lesion labeling*. Unpublished manuscript, Purdue University, West Lafayette, IN.

〈投稿中の論文で，まだ受理されていないもの〉
　投稿中の論文が編者によって正式に受理されるまでは，投稿先の雑誌名や出版社名を記載すべきではない。原稿のタイトルは，雑誌論文や書籍原稿の別なく，すべてイタリック体で表記する。

　　Mithalal, C.（2005）. *Protocols of telephone therapy*. Manuscript submitted for publication.

〈学会等での発表論文（未公刊）〉
　学会が開催された日付（年と月）を記載し，発表題目はイタリック体で表記する。主催者名と開催地も記載する。

　　Rajala, A. K., DeNicolis, J. L., Brecher, E. G., & Hantula, D. A（1995, May）. *Investing in occupational safety: A utility analysis perspective*. Paper presented at the annual meeting of the Eastern Academy of Management, Ithaca, NY.

〈学会等でのポスター発表〉
　上記の発表論文の場合と同様。

　　Freeman, M. A.（1995, August）. *Demographic correlates of individualism and collectivism: A study of social values in Sri Lanka*. Poster presented at the annual meeting of the American Psychological Society, New York.

視聴覚メディア
〈映画やその他の動画類〉
　著者名として主要な貢献者を列挙する。その際，貢献の内容をカッコに入れて記載する。映画のタイトルをイタリック体で表記し，その後に"映画"という語句をブラケットに入れて記載する。最後に製作国と映画会社の名称を記載する。

　　Zinneman, F.（Director）, & Foreman, C.（Screenwriter）.（1952）. *High noon* [Motion picture]. United States: Universal Artists.

〈テレビ放送〉

　ここでの大事な点は，放送番組を特定できるだけの十分かつ詳細な情報をできるだけ記載するということである。

　　Doyle, W. (Producer). (2001, November 3). *An American insurrection* [Television broadcast]. New York: C-Span 2.

〈録音された音楽〉

　下記の例では，作曲家の名前と著作権の日付，作品名，演奏家の名前，アルバムのタイトル（*Mahler-Bernstein*），録音媒体（CD，レコード，カセットテープなど），録音地，そしてレコード会社の名称が記載されている。

　　Mahler, G. (1991). Symphonie No. 8. [Recorded by L. Bernstein & Wiener Philharmoniker]. On *Mahler-Bernstein* [CD]. Hamburg, Germany: Deutsche Grammophon.

電子メディア

　電子メディアの情報を引用する際の，一般的な用例のいくつかを以下に示す。しかしながら，電子メディアは急速に発展しており，その形態はたえず変化しているため，APA は電子メディアの引用の仕方をウェブ上で定期的に更新している。もし引用したい電子メディアの内容が，下記の用例のいずれにも該当しないのであれば，APA のウェブサイト（http://www.apastyle.org/elecref.html）で関連する情報が得られるかもしれないので調べてみてほしい。

〈PsycINFO で検索した要約〉

　論文の引用それ自体は通常のかたちで行うが，あくまで要約の引用であることを明示しなくてはならない。そのため，検索した日付とウェブの情報源をあわせて記載する。

　　Morgeson, F. P., Seligman, M. E., Sternberg, R. J., Taylor, S. E., & Manning, C. M. (1999). Lessons learned from a life in psychological science:

Implications for young scientists. *American Psychologist, 54*, 106-116. Abstract retrieved October 14, 1999, from PsycINFO database.

〈PsycARTICLES で検索した論文〉（全文を検索した場合）

検索情報中の"Abstract"という語句がなくなる点を除いて，上記の場合と同様。

Egeth, H. E. (1993). What do we not know about eyewitness identification? *American Psychologist, 48*, 577-580. Retrieved January 14, 2002, from PsycARTICLES.

〈コンピュータで検索された論文〉（その他のやり方）

コンピュータで検索された論文を引用する別の方法として，論文題目の後に"Electronic version"（電子版）という語句をブラケットに入れて挿入し（後ろにはピリオドを打つ），その後は紙媒体の論文を引用するのと同様の形式で必要な情報を記載する，というやり方がある。

Egeth, H. E. (1993). What do we not know about eyewitness identification? [Electronic version]. *American Psychologist, 48*, 577-580.

〈インターネット上でのみ利用可能な論文〉

可能なときには常に，論文が掲載されている URL を記載する。長い URL を表記する際には改行が必要となる場合があるが，その際にはスラッシュ（/）の後か，ピリオドの手前で改行する。改行時のハイフネーションはしない。

Lassiter, G. D., Munhall, P. J., Geers, A. L., Handley, I. M., & Weiland, P. E. (2001, November 1). Criminal confessions on videotape: Does camera perspective bias their perceived veracity? *Current Research in Social Psychology, 2*, 15-22. Retrieved November 2, 2001, from www.uiowa.edu/~grpproc/crisp/crisp.7.1.htm

〈ウェブ・サイト上の情報〉

該当するサイトを運営するホストプロバイダーやそれを管理する組織の名称

を記載し、その後、ドキュメントや情報が書かれた日付をカッコに入れて記載する（カッコの後ろにはピリオドを打つ）。次に、ドキュメントや情報のタイトルと、それを検索した日時、そして最後に URL を記載する。

American Psychological Association. (1999). Scholarships, grants and funding opportunities. Retrieved October 14, 1999, www.apa.org/students/grants.html

◣ 校正と修正

このようにして、ようやく論文提出の最終段階、すなわち校正と修正の段階に到達した。まず完成原稿を声を出して2回以上読むようにする。そして、自分自身に以下の問いを投げかけてみてほしい。

- ◆ 抜け落ちているところはないか
- ◆ スペルミス［誤字脱字］はないか
- ◆ 数値は正しく記載されているか
- ◆ ハイフネーションは正確か［英文の場合］
- ◆ 本文中で引用した文献は、すべて引用文献リストに掲載されているか

完成した原稿を初めて読むとき、きちんとした形式で版組されてきれいに印刷されているため、エラーがあったとしても見過ごしがちになる。そこで、1日くらい手をつけずにおいてから、改めて注意深く読み返してみるとよい。こうして見つかったエラーをすべて訂正したら、ページが不足していたり途中で飛んでいたりしていないかを再確認して、すべて完成となる。もし本書のガイドラインに忠実に従っているなら、あなたの原稿は満足のいく仕上がりになっているはずである。そして、明瞭で一貫していてかつ人を引きつける原稿に当然の、すばらしい評価を得られるだろうという自信をもつことができるはずである。

第9章
ポスターと配布資料を作成する

　ポスターは，公式な発表の場であなたの研究の内容と結果を伝達するための視覚表現である。ポスター発表の際，自分の研究に興味をもってくれた聴衆に対して，研究を短くまとめた配布用印刷物を提供することが慣習となっている。配布用印刷物は，あなたの研究内容の核心部分を的確に要約したものでなければならない。配布用印刷物の作成に取り組むことは，必要な情報を選別するスキルを身につけることにもつながる。

◤ ポスターと配布資料

　実証的研究を行っている学生にとって，研究から得られた知見を論文にまとめるだけではなく，研究結果をポスターにして発表することも一般的になりつつあり，学会で発表する場合もあるだろう。学会におけるポスター発表の形式には学会ごとに独自の慣習や要件があり，詳細は学会の主催者によって指定される。
　もし学会のポスターセッションに参加する機会があれば，さまざまなポスター発表を目にするなかで，どのようなポスターが視覚的なインパクトをもつか，評価することができるだろう。どのポスターが目にとまりやすかったか，わかりやすいポスターと，そうでないポスターの違いは何かといった具合に。また，今後さらに研究を発展させようと考えていたり，あるいは結果をまとめて学術雑誌に投稿しようと計画していたりするなら，ポスター発表を通じて聴衆からの貴重なフィードバックを得ることができる。しかし，ポスターが聴衆を惹きつけるものでなければ，聴衆からのフィードバックを得たり彼らと議論したりすることもできない。このように，人を惹きつけるポスターを作ることが重要であり，本章では，その助けとなるいくつかのガイドラインについて述べる。

ポスターで視覚的に提示された情報を補足するために，ポスター発表では通常，研究内容を短くまとめた配布資料を用意する。この際，授業の課題用に作成したレポートを配布資料に流用するのは適当ではない。長い論文のコピーを何部もとるのは金銭的にも負担が大きい（APAでは，ポスター発表者に50部の配布資料を用意することを要求している）。さらに，課題用に作成したレポートには，あなたの指導教員しか知る必要のないような余計な情報も含まれている。そこで本章では，付録Aに掲載されているジェーン・ドゥの研究レポートをどのようにして配布資料に凝縮するかについても，ポスターの作り方とあわせて説明する。

▍ポスター製作のためのガイドライン

　ポスター発表は，通常，掲示用のパネルが並べられた大きな部屋や講堂で行われる。ポスターは会場に発表者が持参することになっている。あなたのポスター発表が会場のパネルに割り当てられていないといった不測の事態も考えられるので，会場には早めに足を運んだほうがよい。会場には，通常，ポスター掲示用の画鋲やベルクロのフックがあらかじめ用意されている。発表者のなかには，ポスターの各ページを1枚の大きな厚手の用紙の上にあらかじめ配置して貼り付けておく人もいる。このようにすれば，当日はその1枚の大きな用紙をパネルに貼り付けるだけで済む。念のために予備の画鋲を自分で用意しておくとよいだろう。ポスター掲示用のパネルには，文字や絵を書き込んだり糊付けしたりすることは禁じられている。ポスターの掲示は，発表時間の数分前（たとえば10分前）までに完了していなくてはならない。また発表終了後は自分でポスターを取り外して，次の発表者のためにパネルをきれいな状態に戻さなくてはならない。

　資料16をみれば，学会の違いによってポスターの形式がいかに異なるかを見ることができる。この資料では，アメリカ心理学会とアメリカ科学振興協会（American Association for the Advancement of Sciences: AAAS）のポスター形式を比較することができる。両者の間には，ほとんどすべての点で何らかの違いがみられることに注目してほしい。たとえば，AAASのポスターパネルの面積はAPAのものよりも2フィート横幅が広い。ポスターパネルの面積がより広いということは，それだけ多くの情報を提示できるということになる。APAのガイドラインではポスターの左上部のコーナーに，300語以内の要約を掲載す

資料16　APAとAAASのポスターデザイン

ポスターの要素	APA	AAAS
パネルの大きさ	高さ4フィート，幅6フィート	高さ4フィート，幅8フィート
文字の視認性	3フィート以上離れた位置から読める大きさ	約5フィート離れた位置から読める大きさ
流れ	アブストラクト（300語以内）を左上部のコーナーに配置し，以降のセクションには番号や文字，矢印等を用いて，順序を明確にする。	結論から始めて，本文，そして最後に簡単な要約をつける。
タイトルと著者の文字高	最低でも1インチ	2−3インチ
本文のレタリング	3/8インチの文字高さのボールド体フォントが望ましい。手書きの場合は通常のフェルトペンを用いる。	24ポイントのフォントが基本であるが，異なる大きさ，プロポーションのフォントや，色つき文字を使うこともできる。
セクションの見出し	見出しには明瞭なラベルを付ける。	1/2 - 1インチの高さの小見出しを付ける。
表と図	簡潔で明瞭かつ見やすいものとする。	表よりも図のほうが好ましい。
ハンドアウト	フルペーパーを50部。	アブストラクト（部数は特定されていない）。

ることを推奨しているのに対して，AAASのガイドラインでは主要な結論から書き始めることを推奨している。

　ポスターの形式に関してあなたが今後直面するかもしれない特別な要件のすべてについて，本章で取り上げることは到底できない。後で困らないためにも，ポスターをデザインする前に，発表する学会のポスター形式について，あらかじめ調べておくべきである。ポスターの製作に取りかかりやすくするために，ポスターのコンパクトなひな形を資料17に示した。このひな形は8 1/2 × 11インチ［1インチは，約2.5センチ］の用紙6ページからなり，上部にはタイトルと著者名，所属を掲載するための余白がとられている。このひな形は，縦の長さが約2フィート［1フィートは，約30センチ］，横幅が3フィートを少し超えるくらいの大きさとなるが，APAやAAASが供給するポスターパネルの面積はこれよりも広いので，さらに多くの重要な情報を掲示することができる。資料17に示した例は，ポスターパネルの面積が狭い場合に，どのように情報

を圧縮するかを考える際の参考にしてほしい。ポスターの製作にあたっては，いかにして聴衆の目を自分の研究に向けさせるかという点を忘れてはいけない。なぜなら，ポスター発表の目的は，あなたの研究に興味をもってくれる人たちと議論を交わすことにあるのだから。そして，そこでの議論の内容やそこから出たアイディアは，もし研究成果をまとめてどこかの雑誌に投稿しようと計画していたり，今後も同じテーマで研究を続けていこうと考えていたりするならば，いずれ浮かび上がってくるだろうあなたの研究に内在する問題点に，気づかせてくれるのである。ある指導教員の話では，ポスター発表は薄暗い照明の下，大勢の聴衆でごった返した窮屈な空間で耳障りな騒音に囲まれた中で行わなくてはならないということを覚悟しておけということを，発表を行う学生に対してあらかじめ警告しておくそうである。

　以下に，ポスター製作時に留意すべき3つの点について述べる。

- ◆ 視力が衰えつつある疲れた中年の聴衆にもよく見えるように，大きなフォントサイズを選ぶ。
- ◆ ポスターに載せる図表は簡潔なものにする。たいていの人は，ポスターの前に陣取って，複雑な図表に目を凝らしたいとは思わない。
- ◆ 簡潔さという点では，ポスターに載せる内容も，よく吟味し取捨選択する。そうは言っても，簡潔さを心がけるあまりに，内容が曖昧であったり誤解を招くようなものであったりしはならない。単刀直入で簡潔な内容を心がける。

　ポスターの形式的な詳細に関しては，資料16に示した内容や学会主催者が提供する情報に留意してほしいが，これら以外の点についてさらにいくつか述べておこう。

- ◆ 英語のフォントは，たとえばArialやTimes New Romanといったような読みやすいフォントを用いる。くねくねした線やループを含んだ派手なフォントは用いない。
- ◆ 遠くからでもよく見えるように，フォントサイズを大きくする。たとえば24ポイント（1/4インチのフォント高，AAASが推奨しているサイズ）や，場合によっては32ポイントでもよい。
- ◆ 図表は過度に複雑にしない。聴衆が知らなそうな仲間内でのみ使われる

資料17　6ページから構成されるポスターのひな形

レストランのチップに及ぼす食後のキャンディーの効果	ジェーン・ドゥ (所属機関の住所 電子メールアドレス)
1. 問題	2. 仮説	3. 研究手続き
4. 結果の要約	5. (図表のラベル)	6. 結論

ことばや外来語は使わない。

◆ 重要な部分や強調したい部分には色をつけるとよい。ただし色を使いすぎないようにする。なぜなら，あなたは科学研究の結果を報告するのであり，芸術作品を作成するのではないのだから。

◆ 図やイラストはよく目立ち，内容も一目瞭然で，かつ，見やすいものにする。

◆ ポスターを目で追いやすくするために，情報の流れをよく整理し，ポスターの各ページに適当なラベルをつける。各ページの間には少し間隔を設ける。

　資料18は，ジェーンの研究結果を，資料17に挙げた6ページからなるポスターのひな形に適用したものである。ここには含まれていないが，ポスターのタイトルと発表者の氏名，所属をボールド体で表記したものがポスターの最初に配置される。資料18のポスターの内容を見れば，ジェーンの研究の主要部分が，うまくまとめられていることがわかる。ポスターを要約から始めるように求められている場合は（APAがこれにあたる），要約は簡潔にして，ポスターの残りの部分で，結果から結論に至るまでの流れをうまく作るようにする。ポスターが完成したら，数歩後ろに下がってポスター全体を眺めてみて，読み

第9章　ポスターと配布資料を作成する　159

資料18　ポスターの内容見本

1. 問題

　これまでの実証的研究から，レストランで働く従業員は以下に挙げる方法を用いて，彼らが得るチップの額を増やしていることが明らかにされている。

- 支払いのやりとりの際，ほんの一瞬客の掌に触れる。
- 一人で座っている客に，大きく口を開いて微笑みかける。
- 客の目線の位置にあわせて低い姿勢を取る。
- 初めての客に対して自分の名前を自己紹介する。
- にっこりマークや"thank you"の文字を会計伝票に書き添える。

　これらの方法は，いずれも，従業員に対するより強い親近感を客に抱かせるような効果をもつという点で共通している。本研究では，さらに別の方法を実験的に操作した。それは，ディナーの後に小さなチョコレートキャンディーを提供するというものである。

2. 仮説

- 支払いの際に，客に食後のキャンディーを1つ提供するだけで，チップの額が増えることが予想される。もしキャンディーを2つ提供した場合，チップの額はさらに増額されるだろう。

- われわれは，人から予想外の親切を受けた場合，何かお返しをしなくてはならないという気持ちになる。したがって，2つめのキャンディーが従業員の気前の良さを反映したものであるという印象を客が持ったとすれば，この場合のチップの額はもっと高額になることが予想される。

資料18　ポスターの内容見本（つづき）

3. 研究手続き

　本研究では，ニュージャージー州の高級レストランに来た80組の客を調査対象とした。これらの客は，以下に示す4つの条件群にランダムに割り当てられた。

- **統制条件**：従業員は，食事の後に会計伝票を客に渡した。

- **1個条件**：会計の際，従業員は小さなチョコレートが詰め合わされたバスケットの中から，客1人につき1個のキャンディーを提供した。

- **2個条件**：客1人につき2個のキャンディーを提供した。

- **1+1条件**：従業員の気前の良さを客に伝えるために，従業員はまずキャンディーを1つ差し出し，その後"どうぞもう一つお取り下さい"と言って2個目を受け取るように客に促した。

4. 結果の要約

- 結果の表に示されているように，チップの割合は予想した通りのパターンを示し，統制条件がもっとも少なく，1個条件，2個条件，1+1条件の順に増加していた。

- 線形対比の結果は有意であり（$p < .0001$），効果量の95%信頼区間は $r = .45 \sim .73$ であった。

- t 検定の結果，(a) 統制条件と2個条件，(b) 統制条件と1+1条件との間に有意差がみられた（$p < .0001$，片側検定）。効果量はいずれも0.5を超えていた。

- t 検定の結果，統制条件と1個条件との間に有意差はみられなかったが（$p < .17$，片側検定，$r_{\text{effect size}} = .15$），検定力も0.5を下回っていた。

5. 結果の表

チップの割合の平均，標準偏差，標本数

結果	実験条件			
	キャンディーなし	1個	2個	1+1個
M	18.95	19.59	21.62	22.99
SD	1.46	1.71	2.45	2.43
n	20	20	20	20

Note. 平均値（**M**）は，各条件におけるチップの割合（％）を示している。ここで，チップの割合とは，チップの金額を支払額（税抜き）で割った値に100を乗じたものである。標準偏差（**SD**）は，各条件群のチップの割合の平均値を中心に，20組のチップの割合がどの程度ばらついたかを示している。

6. 結論

・客に食後のキャンディーを提供すると，チップの額が向上する。キャンディーを1個提供するよりも2個提供するほうが，チップもより高額となる。この結果は，客は心ばかりの品でもそれを好意の表れと受け取り，そのお返しに高いチップを置いていくと予想した仮説を支持するものであった。

・1+1条件の結果は，客が従業員のもてなしの気持ちに答えるために最高額のチップを支払ったと解釈でき，客と従業員の互恵関係を反映したものであると考えられる。

・これらの知見が，別の従業員や別のタイプのレストラン，他分野の問題に対して一般化できるかについて検討するには，さらなる研究が必要である。また，本研究で仮定した"親近感"や"気前の良さ"の媒介的役割を検証する研究も必要であろう。

やすいかどうかを確認する。また，指導教員や周りの人に見てもらって，読みやすさやデザインについて意見をもらうとよい。

▌簡潔なレポート作成のためのガイドライン

あなたの研究に非常な関心を示してくれた聴衆でも，ポスターを見ながら細々としたメモをとるようなことはあまりしたくないだろう。そのような場合には，あなたの研究について書かれたレポートを手渡すことができれば都合がよい。もっとも簡単な方法は，研究の重要な情報を2ページにまとめたものを両面印刷した，1枚の配布資料を作成することである。ジェーンの研究を配布資料としてまとめたものを資料19に示した。この配布資料と付録Aに掲載した彼女の研究レポートを見比べると，配布資料では余分な詳細事項がそぎ落とされて必要不可欠な情報のみが記載されていることがわかるだろう。配布資料の著者名の下には，ジェーンの研究に興味をもった人が彼女に連絡をとることができるように，彼女の電子メールアドレスと所属機関の住所が記載されていることに注意してほしい。ジェーンのポスターには引用文献リストは含まれていないが，配布資料には短い文献リストが記載されている。

配布資料を作成する際の規準やガイドラインは，本書がこれまでに示してきた論文を執筆する際のものと何ら変わるところはない。すなわち，もっとも重要なことは，あなたの研究がどのようにして行われたのか，どのような結果が見出されたのか，そしてどのような結論に至ったのかを，明瞭かつ正確に伝えることである。その参考となる3つのガイドラインを以下に示す。

- ◆ 聴衆から受ける質問をあらかじめ予想しておくとよい。たとえば，あなたの論文に対する指導教員のコメントなどが参考になる。
- ◆ 十分に説明する。
- ◆ 最低限，各群の平均とサンプルサイズそして測定誤差を配布資料に記載する。これらのローデータは，どのようなものであれ結果の再分析を行う際に必要となるからである。

最後に，"配布資料"と表紙に書いた茶封筒を用意し，そのなかに，50部かそれ以上の配布資料を入れる。そしてポスターの内容に興味をもった人が手にとりやすいように，その封筒はポスターパネルの壁面に貼り付けておく。

資料 19　配布資料の見本

レストランのチップに及ぼす食後のキャンディーの効果
ジェーン・ドゥ＊
（所属機関とその住所もしくは連絡先）
（電子メールアドレス）

この短報は，（学会名，開催日，開催地）で発表された同タイトルのポスターの内容に基づいている。

研究の背景と仮説

　アメリカでは100万人以上の人々がウェイターやウェイトレスとして働いている。通常，彼らは雇用主から給料を貰っているが，収入の大部分は客から受け取るチップに頼っている。調査研究から，以下に挙げる方法を用いることで，客が従業員に渡すチップの額が向上することが示されている。(a) 支払いの際，客の掌にほんの一瞬2回ほど触れる (Hornik, 1992)。(b) 一人で座っている客に向かって大きく口を開いて微笑みかける (Tidd & Lockard, 1978)。(c) 客の目線の位置にあわせた低い姿勢を取る (Lynn & Mynier, 1993)。(d) 初めての客に対して自分の名前を自己紹介する (Garrity & Degelman, 1990)。(e) にっこりマークや"thank you"の文字を会計伝票に書き添える (Rind & Bordia, 1995, 1996)。

　これらの方法は，いずれも，客に従業員に対するより強い親近感を抱かせるような効果をもつ，という点で共通している。本研究では，チップの額を増やすテクニックとして上述のものとは別の方法の効果を，以下に示す3つの仮説に基づいて実験的に評価した。
 1. 支払いの際に，客に食後のキャンディーを1つ提供するだけで，チップの額が増えることが予想される。
 2. この効果が累積的な性質を持つと仮定すると，もしキャンディーを2つ提供した場合，チップの額はさらに増額されることが予想される。
 3. われわれは，人から予想外の親切を受けた場合，何かお返しをしなくてはならないという気持ちになる（たとえばRegan, 1971を参照）。したがって，2つめのキャンディーが従業員の気前の良さが反映したものであるという印象を客がもったとすれば，この場合のチップはもっとも高額になることが予想される。

方法

　本研究では，ニュージャージー州の高級レストランに来た80組の客を調査対象とした。これらの客は，以下に示す4つの条件群に，各群20組ずつランダムに割り当てられた。**統制条件**では，従業員は食事の後に会計伝票のみを客に渡した。残りの3つの条件では，勘定の際，従業員は小さなチョコレートが詰め合わされたバスケットを持参し，**1個条件**ではバスケットの中から自分の好きなキャンディーを客に選んでもらい，客1人につき1個のキャンディーを提供した。**2個条件**では，客1人につき2個のキャンディーを提供した。**1＋1条件**では，従業員はまずキャンディーを1つ差し出し，その後，従業員の気前の良さを客に伝えるために，「どうぞもう一つお取り下さい」と言って，2個目を受け取るように促した。

＊本研究プロジェクトを通じて終始ご指導くださいましたブルース・リンド博士に心より感謝申し上げます。また，本研究の遂行にあたりご協力くださいましたレストランのオーナーや従業員の方々に厚くお礼申し上げます。

資料 19　配布資料の見本（つづき）

結果

　従属変数としてチップの割合（％）を用いた。これは，チップの金額を支払額（税抜き）で割った値に 100 を乗じたものである。上述の仮説によると，4 つの条件群のチップの割合は，統制条件がもっとも少なく，1 個条件，2 個条件，1＋1 条件の順に多くなることが予想される。

　結果は，この予想とまさしく一致するものであった。チップの割合の平均値は (a) 統制条件で 18.95％ (SD = 1.46), (b) 1 個条件で 19.59％ (SD = 1.71), (c) 2 個条件で 21.62％ (SD = 2.45), (d) 1＋1 条件で 22.99％ (SD = 2.43) であった。線形対比（ラムダ係数は $-3, -1, +1, +3$）の結果は高度に有意であり，効果量も大きかった（$F(1, 76) = 44.97, p < .0001, r$ effect size $= .61$）（効果量の 95％信頼区間 r effect size $= .45 \sim .73$）。

　統制条件と他の条件とを比較するために独立 t 検定（MSE = 4.45, df = 76）を行ったところ，(a) 統制群と 2 個条件（$t = 3.99, p < .0001, r$ effect size $= .54$），(b) 統制群と 1＋1 条件（$t = 6.05, p < .0001, r$ effect size $= .61$）との間に有意差がみられた。統制条件と 1 個条件との間に有意差はみられなかったが（$t = .95, p = .17$, 片側検定, r effect size $= .15$），検定力も 0.5 を下回っていた。

結論

　チップの割合の傾向は，客に食後のキャンディーを提供すると，チップの額が向上し，キャンディーを 1 個提供するよりも 2 個提供するほうが，チップもより高額になると予想した仮説と一致するものであった。この結果の理論的な説明として，客はキャンディーを差し出されると，たとえ心ばかりの品であってもそれを親近感の表れと受け取り，お返しに高いチップを置いていくということが考えられる。1＋1 条件の結果は，客が従業員の気前の良さに答えるために最高額のチップを支払ったと解釈でき，客と従業員の互恵関係を反映したものであると考えられる。

　本研究では従業員は 1 名のウェイトレスであったため，他の女性や男性の従業員の場合，他のタイプのレストラン，あるいは他分野の問題に対して一般化できるかについて検証するには，さらなる研究が必要である。また，本研究で仮定した"親近感"や"気前の良さ"の役割を検証する研究も必要であろう。

引用文献

Garrity, K., & Degelman, D. (1990). Effect of server introduction on restaurant tipping. *Journal of Applied Social Psychology, 20,* 168-172.

Hornik, J. (1992). Tactile stimulation and consumer response. *Journal of Consumer Research, 19,* 449-458.

Lynn, M., & Mynier, K. (1993). Effect of server posture on restaurant tipping. *Journal of Applied Social Psychology, 23,* 678-685.

Regan, D. T. (1971). Effects of a favor and liking on compliance. *Journal of Experimental Social Psychology, 7,* 627-639.

Rind, B., & Bordia, P. (1995). Effect of server's "thank you" and personalization on restaurant tipping. *Journal of Applied Social Psychology, 25,* 745-751.

Rind, B., & Bordia, P. (1996). Effect on restaurant tipping of male and female servers drawing a happy, smiling face on the backs of customers' checks. *Journal of Applied Social Psychology, 26,* 218-225.

Tidd, K., & Lockard, J. (1978). Monetary significance of the affiliative smile: A case for reciprocal altruism. *Bulletin of the Psychometric Society, 11,* 344-346.

付 録
A
ジェーン・ドゥの研究レポート

レストランのチップに及ぼす食後のキャンディーの効果
―自然状況下における実験的研究―

ジェーン・ドゥ
(電子メールアドレスもしくは連絡先)

Psych 333
指導教員：ブルース・リンド教授
(レポートの提出日時)

要　約

先行研究から，ウェイターやウェイトレス（以下，従業員とする）は，客が自分に親近感を抱くように仕向ける様々な方法を用いることで，彼らが得るチップの額を増やしていることが明らかにされている。本研究では，チップの額を増やすテクニックとして先行研究のものとは別の方法，すなわち，客の従業員に対する好意を向上させることでチップの額が増えるという仮説について検証した。本研究では，従業員は小さなチョコレートキャンディーの入ったバスケットを与えられ，3つの実験条件において客に会計伝票を手渡す際にそれを持参するように求められた。"1個条件"では，バスケットの中から自分の好きなキャンディーを客に選んでもらい，客1人につき1個のキャンディーを提供した。"2個条件"では客1人につき2個のキャンディーを提供した。"1＋1条件"では，従業員に対する親近感を向上させ気前の良さ（互恵関係の理論と一致する）を強調するために，従業員はまずキャンディーを1つ差し出し，その後「どうぞもう一つお取り下さい」と言って2個目を受け取るように促した。統制条件では，キャンディーは渡さず会計伝票のみを客に手渡した。統制条件のチップの割合は"2個条件"および"1＋1条件"との間にしか有意差がみられなかったが，仮説から予想されたように"1個条件"から"2個条件"，"1＋1条件"へとチップの割合が向上していく傾向が見出された。線形対比の結果も統計的に有意であり，効果量も十分大きかった。統計的検定力に関する考察と今後の検討課題に関して議論された。

レストランのチップに及ぼす食後のキャンディーの効果
―自然状況下における実験的研究―

　アメリカでは 100 万人以上の人々がウェイターやウェイトレスとしてレストランで働いている（Department of Commerce, 1990, p. 391）。通常，彼らは雇用主から給料を貰っているが，収入の大部分は客から受け取るチップに頼っている（Lynn & Mynier, 1993; Schmidt, 1985）。大部分の従業員にとって，チップは彼らの生計を支える大きな位置を占めており，客のチップ行動に影響を及ぼす要因について知ることは重要である。多くの研究から，チップ行動に影響を及ぼすとされる要因が調べられており，従業員は様々な方法を用いて，彼らが得るチップの額を増やしていることが明らかにされている（Lynn, 1996）。

　これらの方法のいくつかは，客に微笑みかけたり触れたりするといったような，従業員の直接的な対人行動に関するものである。たとえば，Hornik（1992）は，2 つのレストランの 3 人のウェイトレスに対して，客に触れない，0.5 秒間肩に触れる，0.5 秒ずつ 2 回掌に触れる，のいずれかの行動をとらせた。その結果，チップの割合は順に 12 ％，14 ％，17 ％となった。Tidd and Lockard（1978）は，ウェイトレスに一人で座っている客に対して大きな口を開けてにっこり笑いかけるか，もしくは小さく口を閉じて微笑みかけるか，といったいずれかの行動をとらせた。その結果，前者の条件の客は後者に比べて平均で 2 倍以上のチップを支払った。これと同様に，Lynn and Mynier（1993）は，従業員に対して，最初に客のテーブルを訪れる際，客の目線の高さに合わせて姿勢を低くするように教示する群と直立姿勢を保つように教示する群を設けたところ，前者の条件のチップが多かった。Garrity and Degelman（1990）は，従業員が最初に客のテーブルを訪れる際に，自らをファーストネームで自己紹介する場合（平均のチップ割合 23 ％）は，それをしない場合（15 ％）と比べてより多くのチップを得ることを報告している。

　客により多くのチップを促すための間接的な刺激を用いる方法も効果的である。例えば Rind and Bordia（1996）は，にっこりマークの絵を会計伝票の裏に描いた場合と描かない場合を比べたところ，前者の場合に

チップが向上することが示された。ただしこの効果は従業員が女性の場合に限られていた（この知見は客がもつ"性不相応 (gender-inappropriate)"のあらわれと見なすことができる）。Rind and Bordia（1995）はまた、会計伝票の裏に"thank you"と書くことでチップの割合が 16 % から 18 % に向上することも見出している。最後に、McCall and Belmont（1995）は、会計伝票をクレジットカードのエンブレムのついたトレイの上にのせて手渡す場合と、エンブレムのないトレイの上にのせて手渡す場合を比べたところ、前者のチップの割合が高かったことを示している。

最後に述べたものを除く上述のテクニックは、いずれも客が従業員に対して抱く親近感を向上させるような効果をもつという点で共通している。本研究では、さらに別の方法を実験的に操作した。それは、ディナーの後に小さなチョコレートキャンディーを提供するというものである。3つの仮説が調査された。第1に、食後のキャンディーの贈り物を客は従業員の好意のあらわれとして受け止めるため、食後のキャンディーを渡すことは、贈り物の伴わない統制条件と比較して、客のチップ行動を促す効果をもつと予想される。次に、この効果が（ある段階までは）累積的な性質をもつと仮定すると、もしキャンディーを2つ渡した場合、チップの額がさらに増額されることが予想される。3番目の仮説として、食後のキャンディーの渡すことが（レストランで決められているサービスではなく）従業員の気前の良さが反映されたものであるという印象を客がもったとすれば、チップはもっと増えることが予想される。この最後の仮説は、われわれは人から親切を受けた場合に、何かお返しをしなくてはならないという気持ちになる（Regan, 1971）という、互恵関係の問題を扱った研究知見に基づくものである。

方　法

実験参加者

ニュージャージー州の中心部にある高級イタリア料理のレストランでディナーをとっていた 80 組の客が、実験参加者として本実験に参加した。客の総計は 293 人で、1組あたり平均 3.67 名（$SD = 1.97$）であった。1組の客数は2人から12人までの範囲に分布していた。

手続き

　実験協力者である女性の従業員に，ハーシー社のミニチュア・キャンディーチョコレートの詰め合わせが入った籐製の小さな籠が与えられた。キャンディーの種類は (a) ダークチョコレートバー，(b) ミルクチョコレートバー，(c) ライスチョコレートバー，(d) ピーナッツバターチョコレートバーの4種類であった。従業員には，客に会計伝票を手渡す際に行う4つの行動のうちのいずれか1つの教示がそれぞれ書かれたインデックスカードの束が与えられた。統制条件では，彼女はいつものように，会計伝票を客に渡すように教示された。3つの実験条件では，会計伝票を客に渡す際に，キャンディーの入った籠を客のテーブルに持って行くように教示された。

　1つ目の実験条件では，バスケットの中から自分の好きなキャンディーを客に選んでもらい，客1人につき1個のキャンディーを提供した（"1個条件"）。2つ目の実験条件では，客1人につき2個のキャンディーを提供した（"2個条件"）。3つ目の条件では，従業員はまずキャンディーを1つ差し出し，その後，従業員の気前の良さを客に伝えるために，"どうぞもう一つお取り下さい" と言って客に2個目を受け取るように促した（"1+1条件"）。

　4種類の教示の順序がランダムになるように，カードは十分にシャッフルされた。精算時に，従業員はエプロンのポケットの中に手を入れて，その中から1枚のカードを選び出した。客との不必要なやり取りが生じるのを防ぐために，従業員は，客がキャンディーを選ぶとお礼を言ってすぐに席から離れるように教示された。客の一行が帰った後で，その客が払ったチップの金額，税抜きの代金，そして同行者の人数を，当該の客に割り当てられる実験条件を選択する際に使用したインデックスカードに記録した。

結果

　本研究で収集されたすべてのローデータならびに結果の計算法については，本レポートの付録に記載した。チップの割合とは，チップの金額を支払額（税抜き）で割った値として定義し，パーセンテージ表記にするためにこの値に100を乗じた。結果を要約するものとして，4つの実

験条件におけるチップの割合の平均を Table 1 に示した。これは，付録に記載した4つの実験条件におけるチップの割合のローデータを条件ごとに平均した算術平均値（M）にあたる。Table 1 からみてとれるように，仮説から予測された通りの順，すなわち統制条件（キャンディーなし）から1個条件，2個条件，そして1＋1条件へとチップの割合が向上していくことが見出された。Table 2 に示した総括的な F 値（$F(3, 76) = 15.51, p = 5.8^{-8}$）は，条件の配置順が異なっていても同じ F 値が得られるために，上述の予測と直接関連するものではない。しかしここで上記の F 値を求めた理由は，(a) 後述する t 検定の計算式の分母として必要となる平均平方誤差のより安定した値を求めることと，(b) 上述の予測を検証するための対比における平方和が，群間平方和から分割されたものであることを示すことにある。

　本研究では，3つの仮説が設定され，それらに基づく3つの予測がなされていた。最初の予測は，統制条件に比べて1個条件のチップのほうが多いであろうというものであった。先述した通り，Table 1 に示されたチップの割合の平均は，この予測と一致するものであった。しかしながら，この2つの条件を比較した t 検定の結果は有意でなかった（片側検定：$t(76) = .95, p = .17$）。ここでの効果量を t 値から算出したところ，$r_{\text{effect size}} = .15$ であった。この値の95％信頼区間は$-.17$から.44の範囲であったことから，効果量が十分でなかった可能性が考えられる。

　従業員の贈り物がチップを増やすという効果が累積的な性質をもつとする仮定に基づくと，統制条件に比べて2個条件のチップのほうがやはり多いであろうという予測が成り立つ。Table 1 に示されたチップの割合の平均はこの予測と一致するものであり，この2つの条件を比較した t 検定の結果は有意であった（片側検定：$t(76) = 3.99, p = 7.5^{-5}$）。効果量は $r_{\text{effect size}} = .54$ であり，95％信頼区間は.28から.73の範囲であったことから，ここでの効果量は95％の確率でこの範囲内に位置するものと推定される。

　3番目の仮説は，互恵関係の問題を扱った研究知見に基づくものであり，従業員は気前が良いという印象を客に抱かせると，チップの額はさらに向上するであろうというものである。統制条件と1＋1条件とを比

較した t 検定の結果は，有意であった（片側検定：$t(76)=6.05$, $p=2.5^{-8}$）。効果量は $r_{\text{effect size}}=.70$ であり，95％信頼区間は.50 から.83 の範囲であった。

最後に，統制条件から 1 個条件，2 個条件，そして 1＋1 条件にかけてチップの割合が向上していくことを検証するために，線形対比を算出した。対比の分析では，関心のある傾向式を，合計が 0 となる重み付け係数（ラムダ係数と呼ばれる）で表す。本研究では，統制条件から 1 個条件，2 個条件，1＋1 条件に対応するラムダ係数として−3，−1，＋1，＋3 という値をそれぞれ設定した。ここでの対比の計算の仕方については付録に記載した。結果は Table 2 にまとめられている。この表に示されているように，自由度 1 と 76 における対比の F 値は 44.97，確率 $p=3.1^{-9}$ となり，効果量は $r_{\text{effect size}}=.61$，95％信頼区間は.45 から.73 の範囲であった。

考 察

本研究を行うにあたり，食後にチョコレートキャンディーを提供することは客のチップを促す，提供するキャンディーを増やすとチップも増える，キャンディーの提供がレストランの取り決めではなく従業員個人の心遣いによるものである場合にチップの額も最大となる，といった仮説が設定された。4 つの実験条件におけるチップの割合の平均はこの仮説と一致しており，線形対比の結果もチップの額の単調増加を示すものであったが，統制条件と 1 個条件の t 検定の結果は有意ではなかった。この t 検定における検出力は，Cohen（1992）が推奨するレベルである.80 よりもかなり低いものであった。

検出力を高めるには，より強力な実験操作を行うことやサンプルサイズを増やすなど，いくつかの方法がある。しかし現時点では，本研究で用いた実験操作をどのように変更すればよいかについて，よい考えは得られていない。標本数をもっと増やすべきであるという考えは持っていたが，このセメスターの終わりまでに研究を実行し結果を解析しレポートを仕上げねばならず，時間的な制約があり実現できなかった。もし本研究を追試する機会があれば，そこで本研究と類似した結果が得られた場合，今回の研究結果と併せてメタ分析的に全体的な p 値を算出するこ

とで，検出力の向上が見込めるかもしれない。

　本研究の結果を確認するためには，特に，本研究で得られた知見の信頼性の検証と，従業員と客との互恵関係と従業員に対する客の親近感のそれぞれの役割と相互関係性を調べるためには，さらなる研究が必要であることは明らかである。本研究の仮説において重要な位置を占める"親近感"と"気前の良さ"の役割を検証することも必要であろう。最後に，男性の従業員や他のタイプのレストラン（庶民的な店など），他の地域，他の種類の贈り物などが対象となった場合に，本研究の知見がどこまで一般化可能かに関して検討するには，追加調査が必要である。この点に関しては，今のところ，夏休みのアルバイトとしてケープコッドでウェイトレスをする際に，1＋1個の方法を試してみることを計画している。

> 考察の最後は，本研究の限界と今後の研究に向けてのアイディアを述べて締めくくる。

引用文献は，新しいページから書く。　　　　　　レストランにおけるチップ　9

引用文献

American Psychological Association. (2001). *Publication manual of the American Psychological Association* (5th ed.). Washington, DC: Author.

Cohen, J. (1992). A power primer. *Psychological Bulletin, 112*, 155-159.

Department of Commerce. (1990). *Statistical abstracts of the United States*. Washington, DC: Author.

Garrity, K., & Degelman, D. (1990). Effect of server introduction on restaurant tipping. *Journal of Applied Social Psychology, 20*, 168-172.

Hornik, J. (1992). Tactile stimulation and consumer response. *Journal of Consumer Research, 19*, 449-458.

Lynn, M. (1996). Seven ways to increase servers' tips. *Cornell Hotel and Restaurant Administration Quarterly, 37*(3), 24-29.

Lynn, M., & Mynier, K. (1993). Effect of server posture on restaurant tipping. *Journal of Applied Social Psychology, 23*, 678-685.

McCall, M., & Belmont, H. J. (1995). *Credit card insignia and tipping: Evidence for an associative link*. Unpublished manuscript, Ithaca College.

Regan, D. T. (971). Effects of a favor and liking on compliance. *Journal of Experimental Social Psychology, 7*, 627-639.

Rind, B., & Bordia, P. (1995). Effect of server's "thank you" and personalization on restaurant tipping. *Journal of Applied Social Psychology, 25*, 745-751.

Rind, B., & Bordia, P. (1996). Effect on restaurant tipping of male and female servers drawing a happy, smiling face on the backs of customers' checks. *Journal of Applied Social Psychology, 26*, 218-225.

Schmidt, D. G. (1985). Tips: The mainstay of hotel workers' pay. *Monthly Labor Review, 108*, 50-61.

Tidd, K., & Lockard, J. (1978). Monetary significance of the affiliative smile: A case for reciprocal altruism. *Bulletin of the Psychometric Society, 11*, 344-346.

引用文献は，ダブルスペース，ハンギングインデントで記載する。インデント幅は5から7スペースとする。

Table 1

チップの割合の平均と標準偏差ならびにサンプルサイズ

	実験条件			
結果	キャンディーなし	1個	2個	1+1個
M	18.95	19.59	21.62	22.99
SD	1.46	1.71	2.45	2.43
n	20	20	20	20

Note. 表中の平均（*M*）は、各条件におけるチップの割合を示している。チップの割合とは，チップの金額を支払額（税抜き）で割った値に100を乗じたものである。標準偏差（*SD*）は，各条件群のチップの割合の平均値を中心に，20組のチップの割合がどの程度ばらついていたかを示している。

- 表番号と表のタイトルは左揃えにする。
- 平均を報告する際には，散布度を示す指標をあわせて記載する。
- 表の備考は，表の下に配置する。ここでは，表の内容を明瞭に説明する。
- 行や列の見出しは簡潔にする。
- "*Note*" という単語はイタリック体で表記し，ピリオドを打つ。
- 表は引用文献の後ろに配置し，複数ある場合にはそれぞれの表を別々のページに記載する。

Table 2は，新しいページから書く。

Table 2
分散分析と線形対比

変動因	平方和 (SS)	自由度 (df)	平均平方 (MS)	F	$r_{\text{effect size}}$
被験者間	207.06	3	69.02	15.51*	--
線形対比	200.12	1	200.12	44.97*	.61
非対比	6.94	2	3.47	0.78	--
群内誤差	338.22	76	(4.45)		

Note. 括弧内の値は平均平方誤差を表す。自由度の分子が1を超える2つのF検定の効果量指標については記載していない。これは，"多自由度の指標は，そこから意味のある単一の自由度の効果に分解された場合の効果の指標よりも有用でない傾向がある"ためである（American Psychological Association, 2001, p.26）。

*$p < .0001$

（注釈）
- 線形対比と非対比の平方和は，被験者間の平方和を分割したものであるため，この点を示すために少しインデントして表記している。
- 平均平方誤差（MSE）は，括弧に入れて記載する。
- 引用した文章の引用元のページ番号を示している。
- APAの様式では，確率水準を表すためにアステリスクやダガー（短剣符）が用いられる。
- APAの様式では，表中の数値は，視認性を考慮し，小数点第3位を四捨五入することになっている。

> 付録は，レポートの最後に配置し，新しいページから書く。

付　録

以下に，各条件におけるチップの割合を示す。チップの割合は，チップの金額を支払額（税抜き）で割った値に 100 を乗じたものである。

	なし	1 個	2 個	1+1 個
	18.92	18.87	22.78	17.38
	18.43	20.49	15.81	23.38
	18.67	17.54	19.16	25.05
	18.27	19.35	19.01	21.83
	18.92	20.65	21.60	24.43
	17.84	19.17	18.45	21.11
	19.57	19.73	23.41	25.09
	19.12	17.88	21.37	24.35
	18.67	21.00	22.01	25.37
	22.94	22.33	20.65	21.87
	19.26	19.75	20.92	23.87
	19.49	20.79	26.17	22.62
	19.12	20.52	23.31	26.73
	15.90	22.66	23.85	21.81
	19.29	18.60	22.30	23.60
	19.12	18.60	21.34	23.06
	21.70	20.07	18.89	24.05
	16.72	14.64	23.47	16.72
	17.75	19.01	25.69	22.43
	19.35	20.08	22.12	25.08
M	18.9525	19.5865	21.6155	22.9915
S	1.4948	1.7525	2.5092	2.4898
σ	1.4570	1.7081	2.4457	2.4268

> 付録は必ずしも付ける必要はないが，もし結果の分析を携帯型計算機で行ったのであれば，どのようにして結果を求めたのかを指導教員に説明するために，ローデータと分析の詳細を報告することは重要。

各条件の誤差をプールした誤差項，すなわち上記の S の二乗値を平均した値を算出したところ，$S^2_{pooled} = 4.4502$ を得た。群間の平方和，すなわち各条件の平均と全体平均との偏差の二乗値の和を以下の式により求めた。

$$SS_{between} = \sum \left[n_k (M_k - M_G)^2 \right]$$
$$= 20(18.9525 - 20.7865)^2 + 20(19.5865 - 20.7865)^2$$
$$+ 20(21.6155 - 20.7865)^2 + 20(21.9915 - 20.7865)^2$$
$$= 207.0564$$

> 計算式は，もし手書きで書く方が容易であれば，そのようにしてもよい。

> レポートに記した結果がいかにして得られたかについて，本文における論理の流れにそったかたちで順を追って，明瞭に説明する。

Table 2 に示した総括的な F 値の計算式は以下の通りである。

$$F(3,76) = \frac{SS_{\text{between}}/(k-1)}{S^2_{\text{pooled}}} = \frac{207.0564/3}{4.4502} = 15.5091$$

独立の t 検定（上述のプールした誤差項を用い，自由度は $df = N-k$）により，1個条件と統制条件，2個条件と統制条件，1＋1個条件と統制条件を以下の公式にて比較した。

$$t = \frac{M_1 - M_2}{\sqrt{\left(\frac{1}{n_1}+\frac{1}{n_2}\right)S^2_{\text{pooled}}}}, \quad r_{\text{effect size}} = \sqrt{\frac{t^2}{t^2 + df}}$$

> 数値は，本文に記載する際には小数点第3位以下を四捨五入しているが，計算ではそうしない。

効果量の公式中の自由度は $df = n_1 + n_2 - 2$ とする。
ここで1個条件と統制条件との比較を例に挙げると，以下のようになる。

$$t = \frac{19.5865 - 18.9525}{\sqrt{\left(\frac{1}{20}+\frac{1}{20}\right)4.4502}} = 0.9504, \quad r_{\text{effect size}} = \sqrt{\frac{(.9504)^2}{(.9504)^2 + 38}} = .1524$$

線形増加を仮定した対比の重み付け係数は，統制条件，1個条件，2個条件，1＋1個条件の順に，-3，-1，+1，-1 とした。この係数と各条件の平均との相関を調べたところ，$r_{\text{alerting}} = .9831$ となった。この値の二乗値は，対比の線形重み付けによって説明される群間の平方和の割合を示している。SS_{between}（207.0564）に r_{alerting} の二乗値（.9665）を乗ずることで，Table 2 の対比の平方和が得られる。対比の効果量は下記の式に基づき計算した。

> 学生は自らの理解の深さを講師に示すために，計算の詳細を説明している。

$$r_{\text{effect size}} = \sqrt{\frac{F_{\text{contrast}}}{F_{\text{contrast}} + F_{\text{noncontrast}}(df_{\text{noncontrast}}) + df_{\text{within}}}}$$

$$= \sqrt{\frac{44.9688}{44.9688 + 0.7793(2) + 76}} = .6058$$

付　録
B
ジョン・スミスのレヴュー論文

各ページには，タイトルページを先頭として順番にページ番号をつける。各ページの右上には，タイトルを短くした略題を記載する。

知能観の展望　1

人間の知能に関する二つの主要な考え方

氏名と電子メールアドレスはセンタリングして，タイトルから2行下に記載する。

ジョン・スミス
（e-mail アドレス又はその他の連絡先）

タイトルページはすべてダブル・スペースで書く。タイトルはセンタリングして記載する。

心理　222
指導教員：アン・スクレダー教授
（論文提出日）

授業番号と指導教員名，提出日を記載する。

要　約

人間の知能の性質についての二つの考え方が比較される。心理学の伝統においては，知能は g 中心的な見方，すなわち人間の知能のあらゆる妥当な測度の構成要素としての一般的特性（g と名付けられている）が存在するという見方がなされてきた。この古典的な考えと対照的なものは，私が**多重的知能観**と記述するものである。これは比較的最近になって発展してきた知能観であり，知能にはいろいろな種類があり，各知能は心理測定学的な視点からみて必ずしも共通の核をもっているわけではないとする考え方である。本論では，Howard Gardner の多重知能理論に焦点を当てるとともに，この理論への批判を議論し，最後にこの領域における研究動向を広く概観することで締めくくる。

人間の知能に関する2つの主要な考え方

　人びとは**知能**という言葉とその多様な同義語を，多くの異なる才能を表す言葉として使っている。**学がある**（book smart）と呼ばれる人は，言語と数学の才能に自信のある人を意味する。**知恵がある**（street smart）と呼ばれる人は処世術に長けている人を意味する。ほかにまた**ビジネス手腕**（business savvy）や**政治的センス**（political sense）があるといわれる人や，**人の心をよく読める**（read people like a book）能力を持つといわれる人などもいる。これらの言葉は，標準の知能テストによっては直接に測ることのできないような，対人的能力が関係していることを意味していると考えられる。本論文は，人間の知能の性質を2つの主要な知能観から吟味するものである。1つの立場は，しばしば g **中心的な見方**とよばれるものであり，人の知能の核をなすものとして心理測定学上の一般的特性（g）を仮定する。2番目の主要な立場は，これはごく最近のものであるが，ここでは**多重知能観**として特徴づけられるものである。というのもこの考え方では，知能を定義する枠組みが同じ文化圏内に複数存在することを仮定しているからである（しかしこのことは，文化内の個々人が複数の知能を有しているということを必ずしも意味するわけではない）。私はこれら2つの考え方の相違を入念に検討することからはじめる。そして多重的知能理論の1つの卓越した例として，Howard Gardner（1983, 1985）の研究に焦点を当てる。多重知能理論についての2つの主要な批判を吟味した後，この領域における研究方向を概観することで結論とする。

知能についての2つの一般的概念
伝統的な知能観の発展

　最近の論文の中で，心理学史家のLudy T. Benjamin, Jr.（2004）は，知能の最も初期の測度として，頭の大きさ，反応時間，そして感覚能力を挙げている。彼の言葉によれば，次のようである。

　　　頭の大きさは脳の大きさの測度として使用され，反応時間は情報処理の速さの測度と考えられ，そして諸感覚は情報の獲得において重要なものと判断されたために，これらの測度は知能のレベルを区別する上で重要であると考えられた。このような人体測定学的知能

> 40 語以上の長文の引用は，引用部分をインデントして表記し，引用符はつけない。引用部分の最後に引用元のページ番号をつける。

> 検査は，相関係数が創案されてからは，学校の成績とは無関係であることがわかり，Alfred Binet によって開発された知能検査に取って代わられるようになった (p. 12)。

> フォントの大きさは，12 ポイントが望ましい。

ビネーによる筆記式知能検査の開発と，その後の統計学分野の発展に伴って，20 世紀の大部分の研究は，数学的および言語的スキルについての簡単な回答検査によって測られる，知能を決定づける一般的特質の存在に焦点を当ててきた。知能を一般的な特質とみなした Charles Spearman (1927) の理論的そして心理的測定分野における貢献により，知能検査に携わる心理学者と教育学者たちは，*g* 中心的な（あるいは，*g* を中心とした）知能観を妥当なものとして受け入れた。Arthur Jensen (1969) のような多くの優れた心理統計学者たちはさらに，*g* の差異は，環境的影響や文化的影響よりもその多くの部分が遺伝性の影響（遺伝的諸要因）に帰されると論じた。この立場は，心理学と教育学において反論されてきている。

知能の一般特性という基本的な考えに関しては，Jean Piaget の理論的・実証的研究によって影響を受けた子どもの発達研究に携わる研究者たちもまた，心の一般的構造を仮定する考えを支持している (Siegler & Richards, 1982)。彼らの主張によれば，これらの構造はすべての子どもにおいて同じように発達する。生物学の領域においては，神経の伝達速度を測定することで (Reed & Jensen, 1992)，あるいは脳半球機能の局在性を測定することで (Levy, 1974)，*g* を操作的に定義可能にしようと試みた人たちもいる。1990 年代になって，*The Bell Curve*（『ベル・カーブ』）と名付けられた著書で Herrnstein and Murray (1994) が行った IQ テストデータの再分析は，個々人の生活のあり方やより大きくは社会階層構造に対して *g* がいかなる影響を及ぼすのかといった問題に関する活発な論争を引き起こした。このようにして，知能に関する伝統的見方は時には批判も受けてきたが，多くの著名な心理学者たちは，将来どのくらいの知識を獲得できるか，もしくはどの程度の学業成績が見込めるかといった点からみて"頭の良い"人々と，"それほど頭の良くない"人々とを区別することができる数値的指標を標準の IQ テストは提供するという基本的な考えを有している。

> 書名はイタリックにする。日本語の場合は『　』で囲む。

> アンパサンド（&）は括弧内でのみ使用する。

要するに，心理学者や教育学者が**知能**を（a）環境に適応する能力，（b）記号や抽象を処理する能力，あるいは（c）学習する能力のいずれの能力とみなそうとも，これらの才能における成分の核は *g* として知られる要因である，と多くの著名な研究者たちが考えているのである（Gilbert, 1971）。最近，Frey and Detterman（2004）は，学力評価検査（Scholastic Assessment Test: SAT）が基本的に一般的知能（*g*）の指標として代用でき，一般的知能に関する他の指標が利用できない場合には，認知機能の予測に利用できると主張した。彼らはある研究において，全国人口確率データセットから選んだ14歳から21歳までの被験者917名を対象に軍隊用職業適性総合テストの成績から *g* を導出し，SAT得点との相関を調べたところ，$r=.82$（非線形の修正後では.86）という結果を得た。彼らの次の調査では，心理学研究のための被験者プールから選んだ学生104名を対象に，SAT得点とレーヴンの漸進的マトリックス検査（非言語性の推理力テストの一種）の得点との間の相関を調べたところ，$r=.483$（得点の範囲を限定した場合.72）の相関を見出した。Frey and Detterman はまた，1994年の再中心化の前後いずれにも対応する，SAT得点からIQを推定する公式を提供している。

　伝統的な *g* 中心的な知能観に対する初期の批判の1つは，L. L. Thurstone（1938）と彼の共同研究者たちによって表明された。多数の実験参加者を使って行われた心理測定学的研究に基づいて，Thurstone and Thurstone（1941）は，彼らが"基本的心的能力"と呼んだ複数の異なる知能因子が存在すると結論した。これには，言語理解，語の流暢性，数的能力そして空間関係の把握などが含まれている。さらに最近になって，Sternberg and Berg（1986）は，専門家と呼ばれる人たちが，理論的にみて知能と関連すると考えられる多様で独立な要因を有していることを報告した。知能の意味やそれが実社会を生き抜くスキルとどのような関係があるかについては論争が続いているが，それにもかかわらずアメリカ心理学会（APA）の専門委員会は，知能に関して"分かっていること"のリストを作成することにおいて同意をみた（Neisser, Boodoo, Bouchard, Boykin, Brody, Ceci, et al. 1996）。

多重的知能観の発展

　J．P．Guilford（1967）は，彼の古典的著書の中で，複数の能力を取り込んだ知能理論を発展させ，個人が知的に優れているという場合に100を超える見方がある可能性を指摘した。知能の多重的な見方を進展させたものとして，Robert Sternberg（1990）——Neisser et al.（1996）によって報告されたAPAレポートの共著者の一人——もまた，標準的知能検査によって測定される情報処理の性質は，日常生活におけるある種の複雑な推理に関与する処理とは，実際のところまったく違っていると主張した。この点に関して例をあげれば，Ceci and Liker（1986）は，競馬の予想屋のスキルは，その者のウェクスラー成人知能尺度の成績からは予測できないことを報告している。Sternberg，Wagner，Williams，and Horvath（1995）は，"知能検査得点と仕事の成績のような実社会の基準との間の関係をもっとも寛大に見積もったとしても，知能テストの成績は実社会のさまざまなパフォーマンスの分散の約4分の3を説明できない"（p. 912）と結論づけている。もっともRosenthal（1995）は，異なる文脈中ではあるが，人間科学においては，予測変数がデータの分散を25％説明できるというのは，印象的でないとはいえないと述べているが，Sternberg et al.（1995）の指摘した点は，伝統的な知能観に基づくモデルには概念的そして心理測定法的な限界があることをよく捉えている。

　Sternberg（1985, 1988, 1990）自身が提唱する知能の鼎立理論（triarchic theory）は，私がこの論文で**多重的**として特徴づけている知能観の象徴的なものである。それというのも，言語的あるいは数学的な領域をこえて作用する知能を含む，多重的な知能の仮定を包含しているからである（Ceci, 1990; Gardner, 1983も参照）。本論文の残りの部分では，多重的な知能観のもう1つの有名な例である，Howard Gardner（1983, 1993b）によって推し進められてきた多重知能理論に焦点を当てるつもりである。Gardnerは，知能は単一の一般的特徴から説明されるとする仮説に反論し，**知能**という用語を複数の知的な能力が包含されるものとして使用した。

パーセンテージを表す統計記号（％）は，数字が直前に来る場合にのみ用いることができる。

引用した文章が記載されている引用元文献のページ番号を示す。

ガードナーの多重知能理論

ガードナーの知能観

　Gardner（1983）は，知能を"問題を解決する能力，あるいは1つまたはそれ以上の文化的状況において価値があるとみなされる産物を創り出す能力"として定義した（p. x）。このようなかなり広義の定義を行っているにもかかわらず，彼はすべての実生活のスキルを**知能**と結びつけて考えるべきではなく，"知的"とみなされる才能はいずれも次に挙げる8つの基準に合うものでなければならない，と主張している。

1. 脳損傷によってその能力が欠損することを通してその能力の独立性が示唆されること。
2. 天才学者たちのようにある能力に突出した人が存在すること。これは，その能力が他の能力とは異なるものであることの証拠となる。
3. 特定可能な核となる操作，すなわち，ある能力に関連づけられる特定の基本的な情報処理操作があること。
4. 特異な発達過程，すなわち，個人がその能力を獲得していく段階があるが，その最終的達成段階には個人差が存在すること。
5. 他の種の知能に，それと同定できる（より原始的で統合されていない）先在例が存在すること。
6. その知能は実験的研究可能であること。それによって想定された構成概念による予測を実証的に検証できる。
7. 知的であるとみなされるすべての能力を測ることのできる単一の標準化された知能検査は存在しないが，その知能を予測する手掛かりを与え，ある課題の成績は予測するが別の課題は予測しない標準化されたテストがあること。
8. なんらかの記号システム――たとえば，言語や振付けられた動作――を通して，その知能の情報内容を捉えることができること。

多種類の知能

　このような必要条件に基づいて，Gardnerは知能が"普通の範囲"内にある人びとを研究すること，そしてまた，異なる文化内でそれぞれに価値づけられるさまざまな領域の才能に恵まれた人々や専門家を研究す

中央見出しは主要な節の先頭につける。小見出し（左寄せ）は主要な節の内容をさらにいくつかのまとまりに区切る際に用いる。

8つの基準を列挙する際には，読みやすくするために，各項目の先頭に番号をつける。

ることの重要性を主張した（Gardner, 1993a 参照）。Gardner はさらに，脳の一部に選択的に損傷を受けた人を研究する重要性も強調した。上述の8つの評価基準のリストと，4つの主要な学問分野（心理学，社会学，人類学，生物学）からの研究結果を用いて，Gardner は最初7つの知能の存在を提案した：（a）論理 - 数学的知能，（b）言語的知能，（c）空間的知能，（d）身体 - 運動感覚的知能，（e）音楽的知能，（f）個人内の知能，（g）対人間の知能である。さらに最近になって，彼はさらに多くのタイプの知能が存在する可能性を議論しているが（Gardner , 1999），私は彼が最初に提唱した7つのタイプの知能に焦点をあてる。

> 読みやすくするために，各項目に文字番号をふっている。

> 同じ年に同じ著者によって複数の論文が刊行されている場合，引用文献リストの記載順に，年号の最後にアルファベット文字を付けて区別する。

Gardner によれば，言語式で定量化が容易な従来の測定指標で評価されてきた知能は，**論理的 - 数学的知能**と**言語的知能**を含んでいるとされる。論理的 - 数学的知能が高い人びとは，推理と計算に秀でているとみなされる。この能力は，Frey and Detterman（2004）が SAT との相関を調べた際に用いたテストにおいて求められているものと，おそらく同様のものであろう。言語能力に秀でた人たちは，単語と言語の扱いに優れている。しかしながら，Gardner は，これら2種類の知能は，知能の全体像の一部を表しているに過ぎないと主張した。そこで彼は，この2つの知能に加えて5つの種類の知能を独自に理論化した。

空間的知能は，空間的世界を容易にナビゲートできる人びとが示す能力である。**身体 - 運動感覚的知能**は，ダンサー，スポーツマン，神経外科医などのように，身体を移動し，動かすことに長けている人たちの才能である。**音楽的知能**は，音楽的な識別能力に優れ，メロディの質（たとえば，ピッチ，リズム，音色）に感受性がある人である。Gardner が"個人的知能"と名づけた最後の2つの知能は，自分自身の感情や意図，行動を正確に捉えたり（**個人内知能**），他者についてそれらを把握できたりする才能（**対人間知能**）である。個人内知能が高い人たちは自己理解が良くでき，対人間知能（Rosnow, Skleder, Jaeger, & Rind, 1994 によって，**対人的洞察力**と呼ばれたもの）が高い人々は，いわゆる"他の人の気持ちがよくわかる人（people persons）"であり，社会的もしくは対人間の調整役として活躍できる能力をもっている。

> [訳注：英文では e.g. (exempli gratia)を使う。ただし，使用は括弧内に限られる。]

知能観の展望　9

諸能力の独立性

　多様な"才能"は必ずしも関連していないという仮定が，Gardnerの多重的知能観にとって非常に重要である。ある1つの領域の事柄（たとえば，論理-数学的）は不得手である人が，別の領域（たとえば，空間的）では優れた成績を上げることが考えられる。このような能力の相違は，駐車場では自分の車を見つけられないくせに，複雑な原子の振る舞いや自動車の仕組みを詳細に記述できるといったような，頭脳明晰だがうっかり者というよくあるタイプの科学者像を思い出させる。Gardnerの定式化によれば，複数の異なる知能が存在し得るし，それらはおそらく独立に測定可能である。残念なことにアメリカの教育界においては論理-数学的知能と言語的知能にあまりに重きが置かれているので，知能の多様性を測定するためにデザインされた諸検査でも，依然として数学的そして言語的スキルに多くの部分を依拠している，とGardnerは述べている（Gardner, 1991b, 1993b）。

　言い換えれば，伝統的な知能検査は同じ知能をわずかに異なるやり方で測っているにすぎないといえる。それゆえ，言語的知能の得点が高い人が，推理能力でも平均以上の得点を得る傾向にあるといったように，因子分析的研究（例えば，Spearman, 1927）では，いくつかの能力の間に相関が認められる（このことはg因子の存在を示唆する）ことが少なくないのも驚くことではない。しかしながら，ある人の言語的知能を知ることは，その人の対人能力や音楽的才能あるいはその他の領域のスキルを知ることには必ずしもつながらないのである。

　諸能力の独立性は，知能検査は学業成績をかなりよく予測できるが，学校を離れた場所で成功できるか否かを予測することに関してはほとんど役に立たないという事実によっても支持される。たとえば，伝統的なIQの得点が著しく低いレベルになければ，経営的スキルは，標準的IQテストやそれに代わる学校的な知能検査で高い得点を取る能力よりも，自己管理能力や他人の課題達成を管理する能力，あるいは他人の行為や意図を解釈する能力と，より強く関係しているだろう（Aditya & House, 2002; Aditya & Rosnow, 2002; Sternberg, 1988）。Sternberg（1988, p. 211）は，これらの学業以外のスキルを"実用的知能"と呼んだ（そして学校

的な知能と区別した）が，上述したこれらの能力は，Gardnerが個人的知能と呼んだものに強く依存していると考えられる。

多重理論に対する2つの主要な批判
伝統的でない方向性

多重理論に対する批判のほとんどは，知能が，伝統的に才能と呼ばれてきた諸能力とどのように異なるのかという点に向けられているように思われる（Walter & Gardner, 1986）。たとえば，Ericsson and Charness（1994）は，専門家のパフォーマンスは多くの場合，生得的な能力や力量を反映したものではなく，生理学的適応とそれによって獲得した複雑なスキルによって媒介されたものであると主張した。これに対するGardner（1995）の答えは，論点は子どもが生得的な諸能力や力量をもって生まれてきたかどうかではなく，ある専門領域で活動を始めた子どもがその領域でたゆまずやり続けていくことを後押しするだけのスキルを見つけることができ，子どもがその領域で活動を続けていけると感じられるかどうかなのである，と述べている。Gardner曰く，伝統的な知能観が根強いために，ほとんどの人は（言語能力や推理能力以外のさまざまな）パフォーマンスのスキルを"知的な"ものと考えず，このことが，この論争における論点を見えにくくしている。Sternberg（1990）によれば，身体－運動感覚的能力を失うほどの損傷を経験した人を，われわれは"知的発達に遅滞がある人"とみなすことはない。同様に，IQテストの得点は正常範囲であるが社会的スキルが非常に低い人を"知的発達に遅滞がある人"や"社会的な発達に遅れがある人"とみなすこともないのである。

つまり，Gardnerの主張は，彼が提案した知能の形態はいずれも，西欧の文化において非常に価値を置かれてきた論理－数学的知能や，言語的知能と同じくらい重要に考慮されるべきであるというものである（Walters & Gardner, 1986）。彼は次のように書いている。"これまでもっとも集中的に研究されてきた心理学的変数，すなわち心理測定的知能もしくはgを見直してみると，周到なものであるなしにかかわらず，gのはたらきによって，実社会の何らかの成績に明確な差異を生み出すという証拠はほとんど見つからない"（Gardner, 1995, p. 802）。これはおそらく，知能テストの専門家が，gそして"学術的知能"を個人的知能より

引用した文書とその出典およびそれが記載されているページ番号。

も重要である，と考えてきたためであろう。これは**社会的発達遅滞**という用語が一般に使われることにも表れている。しかしながら，社会的な関心は，ある人が組織における管理職として成功できるかを予測することのような個人的知能と，さまざまな状況における行動の相互作用のあり方に向けられつつあるように思われる（Aditya & House, 2002; Aditya & Rosnow, 2002; Sternber, 1977）。

操作化と評価に関する問題点

多重知能理論に対するもう1つの批判は，その無定型な性質のために，いくらでも知能が追加される可能性があるという点に向けられている。事実，上述したように，Gardner 自身も，7種類の知能からなる多重知能理論はあくまで作業仮説の段階にあり，今後の研究結果によっては大幅に改訂される可能性があると述べており，本理論に含まれる知能の種類は，当初の7つよりも多くなる可能性を示唆している（Walter & Gardner, 1986）。たとえば，彼は Charles Darwin に代表される"博物学的知能"やポストモダンの哲学者たちに代表される"実存的知能"の存在をほのめかしている（Gardner, 1999）。これらの知能をすべて加えていったなら，想定された複数の知能は結局のところ精神測定学的に共通の因子にまとまってしまうのではないだろうか。これは皮肉にも，一般因子と特殊因子という古典的な考え方に帰着してしまうことに他ならない。もっとも，ここで述べた2番目の批判が妥当なものとして受け止められるか否かは，望ましい知能観は，人間の才能を現在のそれよりももっと包括的に捉えたものであるべきである，とする考え方に賛同するか否かに依存しているといえる。

また，Gardner の多重知能理論と標準的な心理測定学的アプローチを比べた場合，テストや測定のしやすさという点では，後者に軍配が上がるといわれている。この点に関して Gardner は，彼が提案する7つの知能は測定可能ではあるが，伝統的な知能検査はそれらを測定するのに適切ではないと主張している。彼は，アカデミックな状況の内外における人びとの日常生活上の営みにもっと密接に結びついた測定法を提案している。たとえば Gardner（1991a, 1993b）は，彼の理論を教育分野に適用し，学校で書いた作文や子どもが選択した課外活動の内容，体育行事

の成績，子供の行動や認知過程に関するその他の側面などを調べることで，子供の知能を評価する方法を報告している。この方法は従来の方法に比べてより難しく複雑ではあるけれども，Gardner の理論からすれば，このようなアプローチは必要不可欠なものであるといえる。また他の研究者たちも類似のアプローチをとることにより，対人的な洞察力に個人差があることを見出すことに成功している（Aditya & House, 2002; Aditya & Rosnow, 2002; Rosnow et al., 1994）。

結 論

> 結論では，当初掲げた研究目的をレヴューしつつ，これまでの議論をまとめあげる。

知能の異なる様相を測定する革新的方法（それが複雑で非伝統的なアプローチを要求するにせよ）を開発することが依然として課題となっている（Gardner, Kornhaber, & Wake, 1996; Neisser et al., 1996; Sternberg, 1992）。私は，多重的知能観の一つの重要な例として，Gardner の理論に焦点を当ててきた。この理論は，伝統的な知能観を包含しつつ，われわれの知能に対する概念を伝統的な知能観の枠を超えた領域へと導くものである。たとえば，Gardner（1983）は，偉大なダンサーの能力を"感覚－運動的知能"として記述したが，これは Spearman なら知能の範疇に入れなかったであろう。Gardner の知能理論が伝統的な知能観よりもかなり広範な内容を扱っていることは，ある観点からは問題視されている。なぜなら，理論が扱う範囲が広くなるほど，それを反証することが困難になるからである。しかしながら，私の文献研究においては，知能の定式化と定義が広範かつ学際的なものになりつつあり，Sternberg（1997）が概念化したように，知能とはどのような心的能力であれ，それは個人をその環境へ適合させ，適応させるのに必要なものであるという方向に向かっている。この広範なアプローチによって，過去において無視されてきたり学術的知能と比べて重要でないと考えられたりしてきた能力を評価し改良する方法に，何人かの研究者が焦点を当てるようになったのである（たとえば Aditya & House, 2002; Gardner, 1991b; Gardner et al., 1996; Sternberg, Torff, & Grigorenko, 1998）。

> 最後に，本論文で得た知見や今後の研究動向についての，自分自身の感想や印象を述べる。

文　献

Aditya, R. N., & House, R. J. (2002). Interpersonal acumen and leadership across cultures: Pointers from the GLOBE study. In R. E. Riggo, S. E. Murphy, & F. J. Pirozzolo (Eds.), *Multiple Intelligences and leadership* (pp. 215-240). Mahwah, NJ: Erlbaum.

Aditya, R. N., & Rosnow, R. L. (2002). Executive intelligence and interpersonal acumen: A conceptual framework. In B. Pattanayak & V. Gupta (Eds.), *Creating performing organizations: International perspectives for Indian management* (pp. 225-246). New Delhi: Resonse/Sage.

Benjamin, L. T., Jr. (2004). Meet me at the fair: A centennial retrospective of psychology at the 1904 St. Louis World's Fair. *APS Observer, 17*(7), 9-12.

Ceci, S. J. (1990). *On intelligence ... more or less: A bioecological treatise on intelectual development*. Englewood Cliffs, NJ: Prentice Hall.

Ceci, S. J., & Liker, J. (1986). Academic and nonacademic intelligence: An experimental separation. In R. J. Sternberg & R. Wagner (Eds.), *Practical intelligence: Origins of competence in the everyday world* (pp. 119-142). New York: Cambridge University Press.

Ericsson, K. A., & Charness, N. (1994). Expert performance: Its structure and acquisition. *American Psychologist, 49*, 725-747.

Frey, M. C., & Detterman, D. K. (2004). Scholastic assessment or g? The relationship between the Scholastic Assessment Test and general cognitive abililty. *Psychological Science, 15*, 373-378.

Gardner, H. (1983). *Frames of mind: The theory of multiple intelligences*. New York: Basic Books.

Gardner, H. (1985). *The mind's new science*. New York: Basic Books

Gardner, H. (1991a). Assessment in context: The alternative to standardized testing. In B. R. Gifford & M. C. O'Connor (Eds.), *Changing assessments: Alternative views of aptitude, achievement and instruction* (pp. 77-119). Boston: Kluwer.

Gardner, H. (1991b). *The unschooled mind: How children think and how schools should teach.* New York: Basic Books.

Gardner, H. (1993a). *Creating minds: An anatomy of creativity seen through the lives of Freud, Einstein, Picasso, Stravinsky, Eliot, Graham, and Ghandi.* New York: Basic Books.

Gardner, H. (1993b). *Multiple intelligences: The theory in practice.* New York: Basic Books.

Gardner, H. (1995). Why would anyone become an expert? *American Psychologisit, 50,* 802-803.

Gardner, H. (1999). *Intelligence reframed: Multiple intelligences for the 21st century.* New York: Basic Books.

Gardner, H., Kornhaber, M. L., & Wake, W. K. (1996). *Intelligence: Multiple perspective.* Ft. Worth, TX: Harcourt Brace.

Gilbert, H. B. (1971). Intelligence tests. In L. C. Deighton (Ed.), *The encyclopedia of education* (Vol.5, pp. 128-135). New York: Mcmillan and Free Press.

Guilford, J. P. (1967). *The nature of intelligence.* New York: McGraw-Hill.

Herrnstein, R. J., & Murray, C. (1994). *The bell curve: Intelligence and class structure in American life.* New York: Free Press.

Jensen, A. R. (1969). How much can we boost IQ and scholastic achievement? *Harvard Educational Review, 39,* 1-123.

Levy, J. (1974). Cerebral asymmetries as manifested in split-brain man. In M. Kinsbourne & W. L. Smith (Eds.), *Hemispheric disconnection and cerebral function* (pp. 165-183). Springfield, IL: Charles C Thomas.

Neisser, U., Boodoo, G., Bouchard, T. J. Jr., Boykin, A. W., Brody, N., Ceci, S. J., et al. (1996). Intelligence: Knowns and unknowns. *American Psychologists, 51,* 77-101.

Reed, T. E., & Jensen, A. R. (1992). Condution velocity in a brain nerve

知能観の展望　15

pathway of normal adult correlates with intelligence. *Intelligence, 16*, 259-272.

Rosenthal, R. (1990). How are we doing in soft psychology? *American Psychologist, 45*, 775-777.

Rosnow, R. L, Skleder, A. A., Jaeger, M. E., & Rind, B. (1994). Intelligence and the epistemics of interpersonal acumen: Testing some implications of Gardner's theory. *Intelligence, 19*, 93-116.

Siegler, R. S., & Richard, D. D. (1982). The development of intelligence. In R. J. Sternberg (Ed.), *Handbook of human intelligence* (pp. 897-971). New York: Cambridge University Press.

Spearman, C. (1927). *The abilities of man.* New York: Macmillan.

Sternberg, R. J. (1985). *Beyond IQ: A triarchic theory of human intelligence.* New York: Cambridge University Press.

Sternberg, R. J. (1988). *The triarchic mind: A new theory of human intelligence.* New York: Viking.

Sternberg, R. J. (1990). *Metaphors of mind: A new theory of human intelligence.* New York: Cambridge University Press.

Sternberg, R. L. (1992). Ability tests, measurements, and markets. *Journal of Educational Psychology, 84*, 134-140.

Sternberg, R. J. (1997). The concept of intelligence and its role in lifelong learning and success. *American Psychologist, 52*, 1030-1037.

Sternberg, R. J., & Berg, C. A. (1986). Definitions of intelligence: A comparison of the 1921 and 1986 symposia. In R. J. Sernberg & D. K. Detterman (Eds.), *What is intelligence? Contemporary viewpoints on its nature and definition* (pp. 155-162). Norwood, NJ: Ablex.

Sternberg, R. J., Torff, B., & Grigorenko, E. L. (1998). Teaching triarchially improves school achievement. *Journal of Educational Psychology, 90*, 374-384.

Sternberg, R. J., Wagner, R. K., Williams, W. M., & Horvath, J. A. (1995). Testing common sense. *American Psychologist, 50*, 912-927.

Thurstone, L. L. (1938). *Primary mental abilities.* Chicago: University of Chicago Press.

2名の著者によるモノグラフ。→ Thurstone, L. L., & Thustone, T. G. (1941). *Factorial studies of intelligence*. (Psychometric Society Psychometric Monographs No.2). Chicago: University of Chicago Press. ← モノグラフの通し番号。

Walters, J. M., & Gardner, H. (1986). The theory of multiple intelligences: Some issues and answers. In R. J. Sternberg & R. K. Wagner (Eds.), *Practical intelligence: Nature and origins of competence in the everyday world* (pp. 163-181). New York: Cambridge University Press.

スペルを間違いやすい英単語

英単語の正しいスペルと用法については，自信の無いときには辞書を調べること。下記の例のように同音異義語やスペルの似ている単語は，スペルを間違えたり誤用したりしやすい。

accept （to receive）
except （other than）

complement （to make complete）
compliment （praise）

its （possessive of *it*）
it's （contraction of *it is*）

lead （heavy metal）
led （past tense of *lead*）

principle （a rule）
principal （first in importance or authority）

there （at or in that place）
their （possessive of *they*）

who's （contraction of *who is*）
whose （possessive of *who*）

your （possessive of *you*）
you're （contraction of *you are*）

論文や研究報告でスペルを間違いやすい単語を下記にリストした。

abnormality	analytical	bureaucracy	communication
absence	androgyny	busing	comparative
accommodation	anomaly	calendar	comparison
accreditation	anomie	catastrophe	compensatory
accuracy	anorexia nervosa	centralization	competence
achievement	antisocial	changing	competition
adjustment	anxiety	characteristic	comprehensive
administrator	apparatus	checklist	compulsion
adolescence	apprehension	chimpanzee	compulsory
advancement	archetype	chi-square	conceptualization
advisory	assimilation	chromosome	conditioning
affiliation	attitude	chronic	consciousness
aggression	attribution	chronological	conservatism
aggressiveness	attrition	circadian	consistent
alcoholism	audiovisual	classification	contiguity
alienation	authoritarianism	coefficient	contingencies
a lot （two words）	autistic	cognitive	continuous
altruistic	autokinetic	colloquium	continuum
ambiguity	autonomy	commission	cooperation
ambivalence	baccalaureate	commitment	correlation
amnesia	behaviorism	committed	cost-effectiveness
analogy	benefited	committee	counseling
analysis	bulimia	commodity	counselor

criticism	gender	metatheory	qualitative
cross-cultural	generalization	methodology	quantitative
curriculum	genetic	milieu	quasi-experimental
curvilinear	government	mnemonics	questionnaire
cyclical	grammar	multidimensional	randomized
defensive	guard	multivariate	rationalization
deficiency	guidance	narcissistic	receive
delusion	guideline	nature-nurture	recommendation
democracy	hallucination	negativism	regression
depression	handicapped	neonatal	reinforcement
descriptive	helplessness	neurosis	resistance
desensitization	hereditary	nomothetic	respondent
determinant	heterogeneous	nonverbal	rhetoric
develop	heuristic	obsession	satisfactorily
development	hierarchical	obsessive-compulsive	schizophrenia
diagnosis	holistic	occasion	scientific
dialogue	homeostasis	occurrence	self-actualization
dilemmas	homogeneous	Oedipal	senior
discipline	hormone	operant	sensitivity
discrimination	hypnotism	operationalism	separate
disease	hypothesis	optimum	separation
displacement	hysterical	organismic	significance
dissonance	idiographic	orientation	socialization
dominance	idiosyncratic	oriented	spontaneity
efficiency	illiteracy	overreaction	statistical
elementary	illusion	parallel	stereotype
emotional	implement	paralysis	succeed
empathize	indefinite	parameter	superego
empiricism	individual	paranoid	symptomatology
enrollment	ingenious	pedagogy	syndrome
environmental	inhibition	perceive	synthesis
epistemology	intelligence	perceptual	taboo
equilibrium	intentionality	persistent	tachistoscope
equivalence	interdisciplinary	pertinent	taxonomy
eugenics	introversion	phenomenology	technological
exceed	irradiation	physiological	testability
exceptional	judgment	precede	theoretical
existence	juvenile	predominantly	therapeutic
existential	kindergarten	probability	threshold
expectancy	kinesthesis	proceed	two-tailed
extinction	knowledge	professional	two-way
extracurricular	liaison	programmed	unconscious
extrasensory	libido	prophecy	validity
extraversion	linguistic	psychiatric	variability
facilitation	longitudinal	psychoanalysis	violence
feedback	luminosity	psycholinguistics	voluntary
fetishism	maintenance	psychopathology	weighting
flexibility	masochism	psychosomatic	xenophobia
frequency	measurement	psychotic	
frustration	meta-analysis	puberty	

訳者あとがき

　最近，心理学は大変人気が高い。しかし大学の新入生は，心理学はカウンセリングや犯罪心理学のことだと思っていることが多い。また人気がある割には，人文社会科学系のほかの学問とはかなり異質な面のあることがほとんど理解されていないように思われる。

　心理学の異質な面というのは，心理学が扱う概念や研究対象が心のはたらきや行動という，とらえがたくまた多様性に富むものであるから，それを実証的に，証拠に基づいて研究するために，「心理学研究法」という心理学独自のアプローチ・技法をもっていることである。心理学の研究は，これらの研究法のルールを守らなければ，単なる感想文や主観的なレポートにとどまってしまい，学問として通用する心理学論文を書くことはできない。

　実際，心理学のカリキュラムには，概論の講義やゼミナールのほか，心理学実験，実習，調査，フィールドワークなどのコースが設けられている。それぞれに異なる手続きがあって，それにしたがって研究対象を設定し，データを集め，さらにはそれらのデータを解析しなければならない。場合によっては統計解析を行って結論を導く。心理学の研究は，このように，ある意味では手の込んだプロセスを経なければならないのである。心理学を専門課程で学ぶ場合には，このプロセスの初歩から始めて，最終的には集大成としてそれらの手法を使って簡単な研究をして卒業論文にまとめるように，カリキュラムが組まれている。だが心理学がこのような性格の学問であることは，一般にはなかなか理解されがたい。

　最近は，心理学科でも卒業論文を課さない大学も増えてきているようではあるが，心理学においては，きちんとした方法にのっとって研究し，それを学会で通用する論文にして発表することが重要である。ところが，このような心理学独特の要請に応えるような適切な論文指導の手引書は，意外と少ない。

　このような事情にあって，本書の原著（Ralph L. Rosnow and Mimi Rosnow (7th eds.)：*Writing papers in psychology: A student guide to research reports, literature reviews, proposals, posters, and handouts.* Thomson, Wadsworth, 2006）は，初心者がステップを踏んで先に進めるように構成され

ており，初版以来，7回も改訂されて読者に支持されてきているのもうなずける。原著の副題に「研究レポート・文献レポート・研究提案の仕方・発表ポスターの作り方・配布資料の作成法」とあるように，学生が指導教員とコミュニケーションをとりながら，レポートを書くための取り組み方の要点やコツが実に細心の心配りで書かれており，研究案の形式と内容，文献の検索方法や利用法，発表のレジメの形式，配布資料の形式にいたるまで，実際にレポートを書く学生の側に立って取り上げられている。したがって，学生はこの本を手元に置くことによって，すぐれたレポートを完成させることができる点に最大の特色がある。

学生の書く心理学のレポートは多くが追試実験による「研究レポート」か，特定のテーマで文献を調べる「レヴュー論文」のどれかである。本書はそのそれぞれについて，具体的な論文の見本例をあげて個別に解説しているので，必要に応じて関連する部分だけを読んでもよいだろう。

本書は，アメリカ心理学会の論文執筆マニュアルにもとづいて，研究論文をしあげるための手引き書である。したがって英語で論文を書く場合の注意点など，必ずしも日本語で論文を書く場合には必要のない記述もあるが，国際化時代，英語論文に親しんでおくことは必須であると考え，そのままこの訳書に含め，必要に応じ，日本語文献の場合についての記述を補った。なお，日本心理学会の論文執筆の手引きはアメリカ心理学会の手引きを手本としており，本書の記述やガイドは日本の学生にも大いに役立つと確信している。学生のみならず大学院生にも大いに参考になる話題が取り上げられているので，心理学の教育に関係するスタッフの方々にも，大いに参考にしていただけるのではないかと考えている。

この点についてもう少しふれると，第7章では，捏造，盗作など，知的財産権の問題について述べられ，さらに英語で論文を書く場合の細かい約束，引用の仕方が取り上げられている。英語の原文の例をそのまま載せ訳をつけてあるので，やや煩雑な印象をもたれるかもしれない。英語の論文を書くのでない場合には，ここは飛ばして読まれてもよい。ただ，研究論文を英語で書く場合には，このような細かい注意が必要なのだと改めて思い知らされることも多い。その意味では，大学院生や研究者が論文指導をする際に，大いに参考になる。

最後に，翻訳について多少触れると，翻訳の作業は，第1章から第5章までと付録Bは加藤が，第6章から第9章までと付録Aは和田がそれぞれ担当し，

粗訳をお互いに交換して点検し改めるやり方にしたがった。

　表記については，原文のイタリック体は原則として太字で表現した。また文献は，英語ではイタリック体にすることが習慣であるが，書籍で日本語に訳せるものは『　』で表し，そのまま原語の方がよいと思われたものは，英語の習慣にしたがってイタリック体とした。

　本書の内容にはアメリカの教育・文化システムに触れるものもあり，また文献データベースのコンピュータ検索の操作は日本からアクセスする場合多少異なる点があるかもしれない。文献データ検索は，ライセンスの問題などもあるので，大学によって事情が異なっている。この点は大学図書館の司書に相談してみるのが早道である。なかにはあまり適切でない訳語もあるのではないかと恐れている。そのような点は，読者のご叱正をお願いして，折を見て正していくことにしたい。

　訳文の堅さをほぐして分かりやすくしたのは，塩浦暲氏の卓越した編集力に負うところが多く，この点でたいへんお骨折りいただいたことをここに記して感謝申し上げる。

加藤孝義
和田裕一

索引

◆アルファベット

Annual Review of Psychology 36
APA → アメリカ心理学会
APA マニュアル i-iv, 63, 65, 89, 139
Behavioral and Brain Sciences 37
CAPE 77
Current Biography 36
Current Directions in Psychology 37
Dictionary of American Biography 36
Dictionary of National Biography 36
F 検定 84-85
infoTrac 大学版 30-31, 33, 37
ISBN 25
PDF ファイル 34
Personality and Social Psychology Review 37-38
PsycARTICLES 28, 32
PsycBOOKS 28, 30, 32
PsycEXTRA 28, 30, 32
PsycINFO 21-22, 28-30, 32
Psychological Bulletin 37
Psychological Review 37
p 値 62, 84
　p 値の誤謬 84
Review of General Psychology 37
t 検定 84-85
Web of Science 33, 35
Who's Who 36
Who Was Who in America 36
χ^2 検定 84-85

◆あ行

アクロバット・リーダー 34
アメリカ心理学会（APA） i-iv, 28-30, 37, 45, 114, 157
イタリック体 131
因果関係 56
　不当な因果づけ 101
引用
　ウェブ・サイト 136
　私信 135
　二次的文献 133-134
　孫引き 133
引用符
　一重引用符 122
　二重引用符 120
ウェブ
　ウェブ・サイト 35-36, 136
　共通用語と特殊用語 26-27
　ディープ・ウェブ 35
　統計的ウェブ・ページ 35
オックスフォード英語辞典 17
オンライン目録 23

◆か行

回答者 114
過剰解釈 101
仮題 45
関係的アプローチ 56
患者（クライエント） 114
記述的アプローチ 55
帰無仮説 84
キャプション 137
句読記号
　コロン 119
　コンマ 118
　セミコロン 118
　ピリオド 115
グラフ 80 → 図表
　グラフ・デザイン 81

研究レポート
　基本的構成（標準的構成）　5, 57
　結果　62
　研究案　48
　考察　63
　文献　65
　方法　58
　末尾の資料　65
　問題　58
　要約　58
　レヴュー論文との違い　4
検索エンジン　22, 35
検出力　85, 89, 91
効果量　78, 86
　効果量の指標　91
　推定のバイアス　83
　統計量と効果量の関係　87
コーエンの d　86-88, 91
コージズム　101
国会図書館請求番号　27
ことばのジェンダー　107

◆さ行
査読者　34
辞書　36
シソーラス　126
実験的アプローチ　56
実験的心理測定　9-10
集合名詞　111
受動態　108
信頼区間　88-89, 91-92
信頼水準　88-89
信頼性　61
数詞　114
数値表示　63
スケジュール　7-11
スタブ・コラム　138
図表　80, 92, 137
　色分け　81
　キャプション　137
　注　138

注釈記号　139
パソコンとグラフ　80
よい図を作成するガイドライン　80
スペルチェッカー　111, 125-126
制限語彙　20, 29
制限図書　25
積率相関係数　86, 88
セレンディピティ　63
先祖検索　35

◆た行
大辞典　17
妥当性　61
　外部妥当性　60
注釈記号　139
追試実験　44
デューイ十進分類法　27
電子データベース　21
電子版文献データベース　31-32
点双列相関係数　88, 91
同音異義語　111
統計用語
　省略形と統計記号　78-79
統計量
　統計量と効果量の関係　87
　論文に記載すべき統計情報　89
盗作　102, 104
統制語彙　20
盗用　38
図書館　20-30, 36-38, 41

◆な行
日本十進法　30
能動態　108
ノート　38-39

◆は行
灰色文献（グレー・リテラチャー）　30
配付資料　155
　見本　164-165
外れ値　82

ハンドブック　37
ピアソンの積率相関係数　88
非性別語　107
表　→図表
剽窃　→盗用
標本数　87
ファイ係数　88
フォント　127, 158
文献探索　19-42
文献リスト　139
　印刷中の扱い　142
　共著論文　145
　再版　144
　辞書　148
　視聴覚メディア　151
　修士論文　149
　著者　141
　電子メディア　152
　博士論文　149
　編集書　143
　編集もの著作　147
　マスメディア媒体　148
　未公刊資料　150
　論文や著作の章の引用　145
文献レヴュー
　案　45
　観点　6
　構成　6
　焦点　5
　対象範囲　6
　読者　6
　目標　5
文体　106
文法
　主語と動詞の一致　110
　受動態　108
　数詞　114
　動詞の時制　109
　能動態　108
　非性別語　107
文法チェッカー　125-126

ヘッジスの g　91
ポスター　155-162
　形式　157
　内容見本　160-162
　ひな形　159

◆ま行
見出し
　階層見出し　138
　小見出し　129
　中央揃え見出し　129
　ページ見出し　128
メタ分析　77, 92

◆や行
有意性検定　85-86, 91
用法上の誤り　111
　between と among　113
　参加者と被験者　113
　接頭語　113
　単数形と複数形の誤った用法　112
　同音異義語の混同　111

◆ら行
倫理　48, 100, 101
レヴュー論文
　アウトライン　38, 66-75
　研究レポートとの違い　4
レポート（論文）
　校正　154
　修正　122, 154
　推敲　122
　同僚の専門家たちによるレヴュー　39
　読者　6, 15
　トピック　11-17
　評価基準　15
　表題ページ　127

◆わ行
ワードプロセッサー　111, 123, 125-127

著者紹介

ラルフ・L・ロスノウ（Ralph L. Rosnow）
テンプル大学（ペンシルベニア州フィラデルフィア）名誉教授。同大学心理学部で 34 年間教え、その間に社会・組織心理学の Ph.D. プログラムを指揮した。またボストン大学とハーバード大学でも社会心理学と調査法を教えた。邦訳された著作として，ファイン，G. A. との共著『うわさの心理学——流言からゴシップまで』（南博訳,岩波書店）がある。

ミミ・ロスノウ（Mimi Rosnow）
長年、フリーランスの雑誌編集者として活躍。

訳者紹介

加藤孝義（かとう　たかよし）
1936 年生まれ。宮城県出身。
1967 年東北大学大学院文学研究科博士後期課程（心理学専攻）単位取得退学。東北大学文学部助手，宮城県技術吏員，岩手大学教養部・人文社会科学部教授，東北大学大学院情報科学研究科教授を歴任。岩手大学名誉教授，東北大学名誉教授。文学博士。現職は，尚絅学院大学総合人間科学部教授。
主要著訳書
『意識の心理』（北村晴朗・加藤孝義／共訳，1976，産業能率短期大学出版部）
『人間の心理学』（鬼澤貞・木原孝・加藤孝義／共編著，1983，アカデミア出版会）
『MMPI 原論』（分担訳，1984，新曜社）
『空間のエコロジー』（1986，新曜社）
『集中力』（訳書，1995，河出書房新社）
『空間感覚の心理学』（1997，新曜社）
『パーソナリティ心理学』（2001，新曜社）
『環境認知の発達心理学』（2003，新曜社）　他

和田裕一（わだ　ゆういち）
1970 年生まれ。三重県出身。
1999 年東北大学大学院情報科学研究科博士後期課程修了。博士（情報科学）。現職は，東北大学大学院情報科学研究科准教授。
主要著作
『心理学総合事典』（分担執筆，2006，朝倉書店）
『新編感覚・知覚ハンドブック 2』（分担執筆,2007，誠信書房）

心理学論文・書き方マニュアル

初版第1刷発行　2008年4月15日©

著　者　ラルフ・L・ロスノウ
　　　　ミミ・ロスノウ

訳　者　加藤孝義
　　　　和田裕一

発行者　塩浦　暲

発行所　株式会社新曜社
　　　　〒101-0051　東京都千代田区神田神保町2-10
　　　　電話(03)3264-4973(代)・Fax(03)3239-2958
　　　　URL http://www.shin-yo-sha.co.jp/

印刷　銀河　　　　　　　　　　　　Printed in Japan
製本　難波製本
ISBN978-4-7885-1102-6　C1011

――――― 新曜社の関連書 ―――――

臨床心理学研究法（シリーズ編者　下山晴彦）
第1巻　心理学の実践的研究法を学ぶ　　　下山晴彦・能智正博 編　　　A 5 判368頁　本体3600円

質的データ分析法
原理・方法・実践　　　佐藤郁哉　　　A 5 判224頁　本体2100円

質的心理学の方法
語りをきく　　　やまだようこ編　　　A 5 判320頁　本体2600円

ライブ講義・質的研究とは何か SCQRMベーシック編
研究の着想からデータ収集、分析、モデル構築まで　　　西條剛央　　　A 5 判264頁　本体2200円

子どもエスノグラフィー入門
技法の基礎から活用まで　　　柴山真琴　　　A 5 判228頁　本体1900円

ワードマップ
フィールドワーク　増訂版
書を持って街へ出よう　　　佐藤郁哉　　　四六判320頁　本体2200円

ワードマップ
グラウンデッド・セオリー・アプローチ　　　戈木クレイグヒル滋子　　　四六判200頁　本体1800円
理論を生みだすまで

ワードマップ
会話分析・ディスコース分析　　　鈴木聡志　　　四六判234頁　本体2000円
ことばの織りなす世界を読み解く

実践心理データ解析　改訂版
問題の発想・データ処理・論文の作成　　　田中　敏　　　A 5 判376頁　本体3300円

現場と学問のふれあうところ
教育実践の現場から立ち上がる心理学　　　無藤　隆　　　四六判280頁　本体2300円

心理学エレメンタルズ
論争のなかの心理学　　　アンディ・ベル
どこまで科学たりうるか　　　渡辺恒夫・小松栄一 訳　　　四六判256頁　本体2400円

（表示価格はすべて税別です。）